朋友的朋友是朋友

FRIEND OF A FRIEND...

充分调用你的每一分人脉

Understanding the Hidden Networks That Can Transform Your Life and Your Career

[美] 戴维·布尔库什 / 著
(David Burkus)
苗萌　林翔 / 译

中信出版集团 | 北京

图书在版编目（CIP）数据

朋友的朋友是朋友 / (美) 戴维 · 布尔库什著；苗萌, 林翔译. -- 北京：中信出版社, 2021.4
书名原文: Friend of a Friend...
ISBN 978-7-5217-2494-3

Ⅰ.①朋… Ⅱ.①戴… ②苗… ③林… Ⅲ.①人际关系学 Ⅳ.①C912.11

中国版本图书馆CIP数据核字(2020)第249078号

朋友的朋友是朋友

著　　者：[美] 戴维・布尔库什
译　　者：苗萌　林翔
出版发行：中信出版集团股份有限公司（北京市朝阳区惠新东街甲4号富盛大厦2座　邮编　100029）
承 印 者：天津丰富彩艺印刷有限公司

开　　本：787mm × 1092mm　1/16　　印　　张：15.5　　字　　数：190千字
版　　次：2021年4月第1版　　印　　次：2021年4月第1次印刷
京权图字：01-2019-4319
书　　号：ISBN 978-7-5217-2494-3
定　　价：69.00元

献给我的父母

目录

引　言

1999年，一位名叫亚当·里夫金的年轻计算机工程师、满怀抱负的企业家正就他的下一步行动征求建议。在收集建议期间，里夫金主动给他从未谋面的格雷厄姆·斯潘塞发送了一封电子邮件。那时，斯潘塞是硅谷科技界的热门人物之一，刚刚售出他最新的初创企业 Excite 门户网站。[1]

尽管 Excite 门户网站仍然活跃，但对于那些不能马上想起它的人也是可以原谅的。其实在谷歌和脸书之前的时代，Excite 是最大的网络品牌之一。这个网站由斯潘塞和他的五位朋友于 1993 年联合创立，后来成为很多网络冲浪者的互联网首页（那时候人们还在使用“首页”这个术语）。斯潘塞和 Excite 团队将这个网站从一个不起眼的初创企业发展成一个庞大的网站集合体。他们遇到过财务困难，但网站最终成功吸引用户并给他们带来了丰厚的回报。1999 年初，Excite 被以 67 亿美元的价格出售给 @Home 电信公司。不用说，协议达成时，斯潘塞备受关注。

里夫金冷不丁给硅谷成功人士写信征求建议并没有太出格，谁不会抱着一线希望试一试呢？不寻常的是斯潘塞答应了这个请求。斯潘塞不仅提出亲自与里夫金见面，并回答里夫金的任何问题，而且他所做的还远不止于此。在里夫金解释了自己的想法后，斯潘塞将里夫金介绍给一位风险投资家，这位投资家成为里夫金初创企业的首批出资者之一。

最重要的问题是，斯潘塞为何在他最受欢迎、最意气风发的时候同意与一个他从未谋面的人坐下来谈呢?

这是因为5年前，里夫金和斯潘塞创建了一个有关朋克摇滚乐队的网页。

更确切地说，1994年，当里夫金开始学习计算机科学时，他专门为刚刚出道的朋克摇滚乐队“绿天”创建了一个粉丝网站。尽管那时是网络发展初期，但该网站迅速走红。这个网站获得了极大关注，以至“绿天”乐队成员询问里夫金能否收购这家网站，作为乐队的官方网站。里夫金表示同意。但里夫金还收到了来自年轻的格雷厄姆·斯潘塞的另一个请求，斯潘塞认为将“绿天”乐队贴上“朋克摇滚”的标签将分散人们对“真正”朋克乐队的关注。因此里夫金和斯潘塞合作在“绿天”网站上创建了一个网页，网页列出了其他知名度较小的乐队。里夫金说:“1994年发生的一些完全偶然的事情促成了1999年通过电子邮件与斯潘塞的再接触，进而促成我的公司在2000年创建。”[2]里夫金在本可以对斯潘塞的请求不予理睬时却帮助了斯潘塞，而5年之后，斯潘塞又在本可以对里夫金的请求不予理睬时却也帮助了里夫金。

尽管这个故事似乎有些独特，但实际上这种情况对里夫金来说并没有那么不寻常。他的职业生涯不乏帮助那些已经或者将要成为科技和商界名人的案例。比如，里夫金给了年轻的埃文 · 威廉姆斯一些承包业务，从而使威廉姆斯能够维持他刚刚创建的“博客”网站。威廉姆斯后来将“博客”出售给谷歌，价格并未透露（尽管有传言估计为数千万美元）。威廉姆斯又继续开创了一家公司，即后来的推特网站。再比如，当里夫金创建另一家公司并需要办公场地时，里德 · 霍夫曼让里夫金的团队在领英办公，直至他们能够自力更生。[3]

里夫金的故事充满了不可思议的趣闻逸事。他可能并非尽人皆知，但在行业内却是名声斐然。他是世界上最好的关系网创建者。确实如此。2011 年，《财富》杂志将里夫金评为“世界最佳关系网创建者”。因为事实证明，他与《财富》榜单（《财富》世界 500 强、《财富》全球 40 位 40 岁以下商界精英、《财富》全球最具影响力的 50 位商界女性等）[4] 中最有影响力的人的联系比其他任何人都多。

里夫金赢得这个头衔令人惊奇之处不仅在于他并非我们预计的家喻户晓的人物，而且在于他不符合世界最佳关系网构建者的形象。他不是身材高大、性格外向、衣冠楚楚、朝气蓬勃、能言善辩、受过高等教育的专业人士。他经常说：“我不外向。与人见面不是我喜欢做的事情。”[5] 他自我描述为有一点害羞，不善于处理人际关系。相较于西服和领带，他更喜欢穿 T 恤和连帽衫。他的外表经常被比作大熊猫（他相当骄傲地接受了这个比喻）。他更喜欢与老朋友联系，而不是与一屋子新结识的人一起工作。

里夫金真正拥有的是对关系网如何运作的理解。他建立关系和创建联系的初期战略并非来自书本，而是来自他在计算机科学研究生院的工作。里夫金曾说：“我感到幸运的是从许多优秀老师那里学习了网络，而最伟大的老师实际上是互联网本身。”[6]对里夫金来说，人际关系网遵循与计算机网络相似的原则，研究计算机网络教给他有关如何更好建立和利用人际关系网的多项经验。尽管我们可能认为我们的关系网是名片盒中收藏的联系卡片（或者更现代一些，是通讯录中收藏的联系人），但当里夫金想到关系网时，他并没有把联系人看作一个集合，而是一幅地图。他解释说："从根本上说，一个关系网是一群人之间的联系。”[7]

一个特别的经验是，计算机网络的价值随着节点和连接数量的增加而增加（梅特卡夫定律就是这个想法的数学表达）。里夫金解释说："如果你以正确的方法行事，那么对所有人都有利。如果你以错误的方法行事，那么它将切断机会，不只对你，对其他人也是如此。”[8]因此里夫金要求自己每天都做自我介绍。后来，他学会了网络的规模化建设，建立了一个致力于把诸多科技社群连在一起的更大规模的社群——“106 英里”。如今,“106 英里”已成为一个自行运转的关系网，有近万名定期互动的成员。尽管里夫金不再是其核心，但它的存在应归功于里夫金在关系网及其构建方面的见解。

里夫金自己广泛的关系网及其带给他的职业成功不仅仅是一个令人惊叹的故事，它还彻底否定了许多如何定义关系网以及关系网应当如何运作的错误观念。这些错误观念广泛传播的一个原因是有关这个话题的大多数书籍、讨论会、课程和演讲等都是基于陈旧的和误导性的建议。

具体来说：

- 他们说你应写下和完善你的“电梯法则”。
- 他们说你永远不要独自吃饭。
- 他们说你应该在谈话的前几秒钟重复三遍某人的名字（有时作为记住这个名字的建议，有时则是让人们更喜欢你的一个小把戏）。
- 他们将提供如何展开行动或者在网上建立新联系的指导方针。

但是所有建议都是自传式的。[9] 即使是有关关系网的建议，也不过是一个人把自己的故事讲给其他人听。其核心是：“我这么做了，管用，因而你也应该这么做。”或者更有说服力的说法是：“我没有这么做，但后来我这么做了，而这改变了我的生活。”尽管另一个人的自传可能意义深远、鼓舞人心，而且无比正确，但它仍然只是一个人在特定时间和地点获得的特定技能，具有明显的个体色彩。那么，如果你不在那个时点拥有那种个性呢？如果不是身材高大、性格外向、衣冠楚楚、朝气蓬勃、能言善辩、受过高等教育的专业人士在给你提建议呢？是否仍然对你有用？你是否仍然想试试？

许多人表示在参与或思考构建关系网时会感到一知半解，甚至感到有些肮脏。我们会想到我们参加的最后一个交际会上令人浑身起鸡皮疙瘩的推销者，那个走遍屋子像分发糖果那样分发名片、总是寻找比我们更“重要”的人进行交谈的人。或者我们会想到那个刚刚意外闯入就业市场的老同学，她开始疯狂地给她通讯录上的所有人发送电子邮件,在领英账号中写满联系请求,并邀请几乎所有人喝咖啡和“简单聊一聊”。构建关系网对我们许多人来说似乎是通过操纵关系来获得个人利益的一种不真诚的方式。这是多数人对关系网构建者的刻板印象。显然，这不是一个令人愉快的情景。

研究人员蒂奇亚娜·卡夏罗、弗兰切丝卡·吉诺和玛利亚姆·库查基在一项研究中发现，即便只是想到构建关系网，也会让多数人感到肮脏……确实肮脏。[10] 在其中一个研究环节，研究人员让 306 名成年人回想他们主动建立新关系的时刻。一组人被要求想象他们寻求与可能对其职业生涯有帮助的人建立联系的时刻（研究人员称之为“有助益的关系网构建”），另一组人被要求想象他们主动找行业人士建立个人联系而不考虑收益的时刻（研究人员称之为“个人关系网构建”，但我们也能为其贴上“做一个高尚的人”的标签）。

随后，两个小组的参与者被要求完成一个填字任务，给他们一些词片（例如“S_P”或者“W_H”），可以填入字母来拼出似乎随机的词语（例如“STEP”或者“WISH”），或者与“干净”相关的词语（“SOAP”或者“WASH”）。先前的研究已经很好地展示出，意识到道德污点会增加我们对干净的渴望，而那种渴望会在认知的微妙变化中显现出来，其中就包括我们如何完成一个填字任务。毫不惊奇的是，卡夏罗及其同事发现，那些在有助益的关系网构建小组的人——那些不得不想象他们扮演老一套关系网构建者角色的人——全部用“干净”的词语完成了填字任务，言外之意是构建关系网的行为确实让他们感到有道德污点和肮脏。

在接下来的一轮研究中，研究人员在网上做了试验。他们要求学生们想象主动去更好地了解一个人的时刻。一组学生被问及社会联系，而另一组则被问及职业关系。研究人员随后要求社会组通过脸书与想到的人联系（脸书是一个主要用于建立和维持友谊的社交媒体网站），同时要求职业组通过领英与想到的人联系（领英是一个主要用于建立和维持职业关系的社交网站）。随后，所有学生都被要求说出他们的感受。同样地，职业组比社会组感觉更肮脏。

尽管研究结果有些令人沮丧，但卡夏罗及其同事也发现了构建关系网的重要性。在另一项研究中，他们调查了北美的数百位律师，并询问这些律师参与构建关系网的频率。他们发现那些参与建立新联系和加强原有联系的人比不这样做的人表现更好（在计费小时数和报酬方面）。他们的研究结果与一个重要研究机构一致，该机构的研究表明，构建关系网——建立和加强与他人的联系——对专业成功至关重要。同样，了解一个机构内部的关系网如何运作会大幅提升其整体重要性。

但是，如果你将关系网和人际关系的重要性与人们普遍认为的构建关系网既尴尬又肮脏的观念结合起来，你会得到什么？或许你会得出一句最常表达的箴言：重要的不是你知道什么，而是你认识谁。

这是一个奇妙的说法。至少 70 年了（而且很可能不止于此），人们将它写下来或大声说出来，[11] 但通常只是为了表达愤怒。“我没有得到工作（销售或晋升）是因为我没有适当的关系。”你可能在遭受挫折的时候这样自言自语。如果成功主要取决于你认识谁，那么我们就会相信我们只有两个选择：退而求其次，或者成为一个老套的关系网构建者。

但是如果有别的选择呢？

事实上，确实有。

研究人员罗布·克罗斯和罗伯特·托马斯已多次发现“你认识谁”非常重要，但是只认识很多人并不能让你达到目的。他们写道：“事实上，我们发现只是认识很多人的人不太可能有杰出表现。与公司和行业领袖关系密切的政治动物也不会获胜。”[12] 广泛建立人脉并不是成功的必由之路。

鉴于这项研究表明成功并不必然与你认识谁有关，或许另一个常用的短语更精确，即知道谁是“朋友的朋友”。你需要对你已有的关系网有一个全面的了解，并学会如何改进它。

就像亚当·里夫金一样，了解关系网如何运作、如何驾驭它，以及如何照管所代表的群体，会决定你的职业成功以及组织的执行能力。知道谁是你的朋友以及谁是你朋友的朋友，你就能更好地了解这个社群，你的社交网络就更有可能为你带来成功。

幸运的是，这种认识获得了社会学和网络科学领域数十年研究的支持。该研究认为，与一个强大的关系网建立联系会提供巨大的优势——获得各种技能和观点的途径、了解私人信息的能力以及更容易获得权力的专长和影响力——社会学家称之为社会资本。这个有趣的词语似乎是 6 个不同的人在 6 个不同时间发明的，它的定义与实物资本（财务资源、财产清单、财产等）相反。[13] 社会学家主张，正如实物资本有价值一样，社会资本也具有价值——特别是当我们知道如何利用社会资本时。一项由著名社会学家罗纳德·伯特领衔的研究发现，对高管进行关系网结构和原则方面的教育，可以显著提高他们的表现。[14] 接受过训练的人比没有接受训练的同龄人表现提升的可能性会增加 36%~42%，获得晋升的可能性则增加 42%~74%。

这正是本书要说的。

这不仅仅是一本关于构建关系网的书。它不像你之前读过（或忽略过）的任何此类书籍，这是一本阐述关系网如何运作的书。这不是另一个如何结交新朋友或如何与他人并肩工作的教条和指南的集合。这不是一本管理你的社交媒体和网络表现的手册。已经有许多这样的手册了，再增加一本也无益——特别是仅仅收集联系方式根本不会起作用。相反，这是一本深入研究已被证明的关系网科学，并与希望升级其联系和关系的人进行分享的书。

我不会分享来自老套关系网构建者的奇闻逸事，相反，我们将研究因为发现与这项研究一致的战略（不管知情与否）而取得成功的人和公司的真实案例。

了解关系网如何汇集起来是关系网构建战略背后的一个强有力的秘密武器。它比整个工具集合更有用。

这正是我们要达到的目的。

本书的第一章会解释关系网的类型，这些类型的关系网最有可能为你提供新信息和新机会（这可能并非你最想要接触的东西）。第二章会研究一个老套的聚会游戏，并揭示它所蕴含的线索，即你的整个关系网规模和用处到底有多大。第三章与你的关系网构建战略有关：是努力与一个行业或职业的所有人建立联系好呢，还是成为这些群体之间的联系人好呢？第四章回答打破“谷仓”的共同呼唤，提醒你有时待在“谷仓”里会带来巨大的好处——这仅取决于你在那里待多久。

第五章研究你的关系网如何影响你所依赖的团队，并解释为何培育一个高水平关系网需要减少或中断你与一些联系人的接触。第六章描述你的关系网可以变得多大，以及高水平的关系网构建者是如何构建高水平关系网的。第七章会研究高水平关系网对你自身计划的影响：你总是需要一场艰苦斗争和较长的过程来建立关键联系，还是能够自动地扩大自己的关系网？

然后我们转向关系网科学的一些更有趣的发现，这些发现会让你重新评估你的整个关系网。第八章描述社会关系网的一个有趣的怪事：你可能显得比实际更受欢迎和联系更广泛，但这是否值得呢？第九章向构建自己关系网的所有人提出一个可怕的警告：如果更多联系意味着更多相同的东西，那么更多并非更好。第十章揭示了这个困境的解决办法，表明你在哪里和如何建立新联系会影响这些联系未来的价值。最后一章从整个关系网转移开来探究个人联系，揭示你是如何以及多大程度上认识你的联系人的。

除了对个人的影响，关系网科学的发现也带来其他影响，包括领袖如何塑造他们的组织，以及公司如何努力通过客户关系网来推销其品牌。当涉及这方面内容时，本书也会对此进行探讨。

为了帮助你把想法付诸行动，或者从科学研究上升到实践，每一章都以一个你可以快速完成的活动结束，这将帮助你更好地了解你目前的关系网，或者迈出加强关系网的第一步。此外，我们会研究网络工具和社交媒体服务在建立和维持你的关系网方面的作用，并向你展示这些工具何时可能会产生反效果——这比你认为的更频繁发生，因为网络工具似乎只有在强化了线下联系原则时才能很好地工作。（或许那就是研究表明的一个人在网上社交花的时间越多，就越感到寂寞的原因。此外，随着人们增加使用线上工具，他们的社会隔离感似乎也会增加。[15]）

你的联系很重要。但是你如何认识他们、为何认识他们、在哪里认识他们、他们认识哪些人也很重要。你身边的关系网，即所有你朋友的朋友，可以解释所有这些因素。

到本书结尾时，我希望你在建立和加强能够改变你的职业生涯的重要联系方面变得更加有效。但我希望你不是仅仅通过接受我的建议而做到这一点，我希望你变得更有效是因为你已经了解你身边的关系网如何运作以及如何对其进行管理。

第一章

在弱关系中寻找力量

我们倾向于把最亲密的朋友当作最大的资产。虽然可能在社会支持或可信信息方面是这样，但说到机会，这话便不尽然了。研究表明，我们获取新信息的最大机会和最佳来源实际上来自我们的“弱关系”或“休眠关系”，即人际关系中我们不常见面或在相当长时间内不曾联络的人。这意味着，如果我们想要了解新事物或调换工作，尝试联络我们的老朋友们会比仅联系我们最亲密的人从而将想法保持在“朋友之间”，效果要好得多。

洛伦佐 · 费尔蒂塔从未打算扰乱职业拳击行业或将这一综合格斗运动从“监管窒息”中拯救出来。作为赌场大亨弗兰克 · 费尔蒂塔的儿子，小洛伦佐对格斗运动的世界并不陌生，但他的未来几乎注定是在博彩业。然而，因为一位遥远的高中老朋友，他用 20 年的青春年华，将一度一文不值的终极格斗冠军赛（UFC）专营权转变为估值超 40 亿美元的全球品牌。但洛伦佐 · 费尔蒂塔甚至不是这个故事的主角，主角的头衔属于达纳·怀特，是他使人际网格中的一个弱连接重焕生机，戏剧性地提升了他和洛伦佐·费尔蒂塔两人的净身家。

在外界看来，怀特和费尔蒂塔很相似，在不断壮大终极格斗冠军赛和综合格斗运动这项事业的过程中，两人表现得如同一对终生挚友。但事实上，他们“深厚的友谊”形成的时间并不长。他们念的是同一所高中——毕晓普·戈尔曼高中，这是一所位于拉斯维加斯的罗马天主教会预备学校，并且他们有着共同的朋友，但他们之间却很少有互动。怀特说：“我们毕业之后比在学校期间有了更多的交集。”“我两次被戈尔曼高中开除。而洛伦佐是模范生，成绩优秀，还是橄榄球队队员，是将来要上大学而且还要继续进修的尖子生。”[1]

怀特说得没错。洛伦佐·费尔蒂塔后来去了加州大学圣迭戈分校，随后获得了纽约大学的工商管理硕士学位。毕业后，费尔蒂塔和他的兄弟弗兰克三世合伙创业，先是搞租赁付费电话机和老虎机业务，然后买下拉斯维加斯郊区的房产，最终将他们的公司和他们父亲的那些赌场合并，新成立了一个上市集团。

至于怀特，在他被毕晓普·戈尔曼高中开除了两次之后，他的父母将他送到缅因州和他的祖母一起生活。怀特在那里完成了高中学业并且事实上也读了一段时间的大学，但他没有毕业。他干过形形色色的工作，从旅馆服务员到拳击教练员，他都做过。最后，他回到拉斯维加斯，开了一家健身房。再之后他又开了两家。最终，怀特成了铁托·奥尔蒂斯和查克·利德尔两位拳击手的经纪人。从怀特离开戈尔曼高中，到他再次和费尔蒂塔交谈，已经过去了近十年。[2]

他们是在拉斯维加斯参加一位共同的高中同学的婚礼时不期而遇

的。达纳和洛伦佐出于对搏击运动的共同喜好，关系迅速“铁”了起来。怀特对综合格斗运动的激情很快点燃了费尔蒂塔兄弟，使他们成了这项运动的新粉丝。洛伦佐·费尔蒂塔当时已经在内华达州体育委员会供职，该委员会负责监管全州的格斗运动项目。他任委员期间发生的最著名的事，可能就是迈克·泰森咬伤了伊万德·霍利菲尔德的耳朵。洛伦佐·费尔蒂塔说：“我就是那些不得不让迈克打包走人的家伙之一。”[3]那时候所有的格斗运动，尤其综合格斗运动，皆被打上“野蛮残忍”的标签。

至于终极格斗冠军赛，其时，它正勉力维持、惨淡经营。参议员约翰·麦凯恩带头倡议禁止综合格斗运动，并且称之为“人肉斗鸡”。一个接一个地，每个州和州体育委员会都开始禁止这项运动，逼迫终极格斗冠军赛改变比赛形式。最终，它失去了电视付费收看的配额，这意味着它不得不依靠现场门票收入作为主要经济来源。

通过管理拳手的工作，怀特清楚地认识到终极格斗冠军赛原先的这帮老板已经厌倦了“抗争”，他们正打算卖掉手里的专营权。所以怀特向他久未联系的朋友洛伦佐·费尔蒂塔抛出了橄榄枝。一个月之内，费尔蒂塔兄弟就通过私人基金，以 200 万美元的价格买下了终极格斗冠军赛的专营权。洛伦佐·费尔蒂塔说：“这可能是美国最糟糕的品牌了，因为环绕它的全是负面消息。”费尔蒂塔兄弟的决定甚至没有得到他们的父亲的同意。弗兰克·费尔蒂塔说：“爸爸是个相当保守的人，他要求我们不要这么做。我想那是唯一一次洛伦佐和我真正违背了爸爸的意志。感谢老天我们当时那么做了。”[4]

怀特和费尔蒂塔兄弟一点点地壮大了这一处境艰难的联赛，将它从一潭死水的地下擂台搬到门票脱销的竞技赛场，并使它拥有了数以百万计的电视观众。费尔蒂塔兄弟清楚，如果得不到监管机构的许可，这一运动将无法存续。幸运的是，洛伦佐凭借他在体育委员会的关系，搞懂了他们将需要做出的改变并为之努力，以获得这份许可。他们附加了一套新的规则系统，以体重为标准确立了挑战级别，某种程度上使终极格斗冠军赛成为比拳击更为安全的一项运动。费尔蒂塔兄弟从怀特那里学来的同拳击手打交道的经验无疑帮助他们更轻松地将那些改变推销给运动员。

尽管如此，大多数人仍认为，他们的第一场大赛堪称一场灾难。整场比赛组织混乱而且超时，迫使主要赛事开始前的付费广告时长被压缩了。[5]然而，费尔蒂塔兄弟继续将更多的精力和金钱（超过4000万美元）投入这项冒险事业中。2004年，他们赌了把更大的，把家族的一家赌场——绿谷牧场，变成了“探索”频道一档真人秀节目的举办地。两兄弟认为一档内容相关的节目或许能帮助他们提升搏击联赛的知名度。[6]他们抛出的这档真人秀节目拍摄的是一群充满抱负的年轻拳手在一起生活和训练的场景，这帮家伙要通过竞争来拿到终极格斗冠军赛的合约。这档真人秀节目被几乎所有电视台拒之门外，只有斯派克电视台同意播出，它开出的条件是费尔蒂塔兄弟要自付1000万美元的制作成本。

这档真人秀节目几乎从一开始就大受欢迎，并且迅速扩大了综合格斗运动的粉丝基础。它也使达纳·怀特成了一位电视明星，展现了他傲慢的风格、他对拳击职业的理解，以及他对如何才能夺得冠军的认识。这档节目迄今已播出逾20季，并且仍在为这项运动吸粉。

2005 年，费尔蒂塔兄弟就收回了原先在终极格斗冠军赛上的投资。[7] 参议员麦凯恩甚至调整了他的论调，尽管只是些许改变。2007 年，他在接受美国国家公共电台采访时称，“他们并没能使我转粉，不过他们做得不错”。[8]

作为购买协议的一部分，费尔蒂塔兄弟坚持平等地享有这项事业的所有权，这是他们的律师们所不乐见的。[9] 法律顾问希望能有办法在陷入僵局的情况下解决争议。为此，他们想出了两个法子。第一，怀特拿到公司 10% 的股权并负责企业的日常经营。第二，律师在兄弟俩的所有权合同中附加了一项条款，即所有兄弟间的争端都将以柔术比赛的方式解决，由怀特担任裁判。洛伦佐·费尔蒂塔笑着说，“这种情形从未发生过”。[10] 两兄弟都和怀特保持着深厚的友谊。哥俩经常一起运动，并且频繁交流。洛伦佐 · 费尔蒂塔说:“我俩都会把有着严重分歧的想法摆在台面上讨论，但当一天结束时，我俩都会从彼此那里获得许多新东西。”[11]

2011 年，终极格斗冠军赛和福克斯体育媒体集团签署了估值为 7 亿美元的 7 年期电视广播合同。[12] 福克斯每年制作逾 40 期直播赛事，并向全球超 10 亿家庭播送。2013 年，达纳 · 怀特因其在综合格斗运动重获新生的过程中所发挥的作用，被提名“年度杰出体育革新者”。[13] 2016 年，费尔蒂塔兄弟和怀特成功以 40 亿美元的价格将终极格斗冠军赛的专营权卖给了一帮私人投资机构，其中包括威廉 · 莫里斯奋进经纪公司、银湖私募股权投资公司、科尔伯格-克拉维斯-罗伯茨集团和高科技产业亿万富豪迈克尔 · 戴尔设立的投资公司 MSD 资本。洛伦佐 · 费尔蒂塔当时说:“这是迄今体育史上最大的一笔交易。”[14] 他并没有夸张。就体育行业而言，这笔交易的金额是史蒂夫·鲍尔默 2014 年买下洛杉矶快船队时花费的两倍。就整个娱乐产业而言，40 亿美元抵得上沃尔特·迪士尼公司 2012 年支付给乔治·卢卡斯用以买断整个《星球大战》系列专营权的钱，当时这可是被吹捧为“世纪交易”的。[15] 怀特个人在这笔买卖中分得的钱，据报道超过了 3.5 亿美元。[16] 这对于一个前旅馆服务员和拳击教练员来说是相当不错的回报。

无论从哪个角度来衡量，终极格斗冠军赛的故事都称得上是一个传奇，而如果没有两位老同学的一次偶遇，这一切都不会发生。

被遗忘的联系

怀特和费尔蒂塔在那场婚礼上的偶遇似乎是一个巧合，但事实上这是关于我们人际关系中被遗忘的联系是如何超出我们大多数人的预想而带来更大机遇的典型案例。他们那时候的关系符合社会学家定义的弱关系，即保留了联络方式但罕有互动的关系。相反，强关系则是指经常回聊的关系，联络对象是那些令我们感觉舒适的身边朋友和同事，因为我们彼此熟悉、喜欢，并相互信任。

当事情变得棘手的时候，人们往往会寻找他们信任、熟悉的“顾问”。举个例子，当我们需要一份新的工作，我们会下意识地向那些亲密的人寻求帮助。我们会告诉我们的朋友和家人，然后跳过我们的弱关系，直接开始回复网上的招聘公告。或者，当我们需要就一个重大问题征求建议时，我们倾向于和亲近的人——那些令我们感觉舒适的身边人，诉说我们的困扰。但选择“舒适”是要付出代价的。我们关系网中的大多数强关系，彼此也互相联结。他们经常聚拢在一起，成员从中了解到的信息，往往已经是这个群体中对所有人公开的秘密。与之相反，我们的弱关系通常会在不同的集群之间搭建联通的桥梁，从而给予我们了解新情况的途径。尽管生活中的强关系更有可能被动员起来帮助我们，但对我们而言，弱关系接触新的信息资源的渠道可能比强关系的动机更有价值。

想想吧，达纳·怀特都已经在终极格斗冠军赛的世界有了那么强大的关系，然而却是他和洛伦佐·费尔蒂塔的关系，给了他进入赌场举办赛事的机会，并使他建立起和体育委员会的联系，这才有希望改变当局对这一运动的态度。怀特发现自己身处这样一群人之中，这些人很清楚他们的运动正在走向衰亡却无力使它起死回生；费尔蒂塔则在拉斯维加斯另一个不同的娱乐群体中，他们中的大多数人都将注意力放在拳击上。怀特熟悉综合格斗运动，洛伦佐·费尔蒂塔知道该如何把一项运动变得像拳击一样规范和具备商业价值。他们在朋友婚礼上的偶遇将两个看似很遥远的群体连接了起来，并解锁了一个极具价值的解决方案。

这个违反直觉的发现，最初来自社会学家马克·格兰诺维特做的一个很经典的研究。1970年，作为哈佛大学的一个博士生，格兰诺维特决定研究人们调换工作的行为。在对受访者进行调查的时候，他通常会问，是否是朋友向他们介绍的目前的工作。受访者的回答通常是:“不是朋友，而是一个熟人。”这使格兰诺维特产生了兴趣，他觉得应该深入研究。[17] 最终，他调查了上百名住在波士顿郊区的白领、蓝领和金领跳槽者，询问他们引领他们得到这个工作机会的联系人的情况。

具体问题是：他们在得知这一招聘信息的前后有多频繁地和那些联系人见面。格兰诺维特划分了三个范畴：经常（至少一周两次）、偶尔（比一年一次多，但少于一周两次）和极少（一年一次或更少）。当格兰诺维特看到收集来的信息时，他发现，仅有不到 17% 的跳槽者表示他们会经常和联系人见面，超过 55% 的人称偶尔和他们的联系人见面，逾 27% 的人说他们极少见到联系人。

应当承认，见面频率介于一年一次和少于一周两次的人占绝大多数，这在联络频率的变化中是非常有代表性的，揭示了我们中大部分人维持弱关系的方式。弱关系是那些我们不打算见面，但当我们需要却能很快联系上的人。格兰诺维特在他 1973 年出具这一数据的论文中写道："（二者的）交集明显处于这一连续体中薄弱的一端。"[18] 那篇论文题为《弱关系的力量》，是社会学领域被引用次数最多的论文之一。

格兰诺维特出人意料的研究发现与我们大多数人在面对一个要解决的问题、一个要做出的决定，或是突然间有找工作的需要时的做法截然相反。和朋友、家人以及信得过的同事分享你的境况更有合理性，他们最了解你，并且最有可能帮助你，但是，正如格兰诺维特发现的那样，他们拥有任何你所不知道的有用信息或线索的概率很小。此外，你亲密圈子的每个人提供相同的信息或建议的概率很大——我们最亲近的联系人往往和我们共享一些关系。准确来说，我们的弱关系是指那些不规律的联系，因为他们往往在不同的社交圈活动。他们和那些不同于我们内部圈子的人互动，并从中得到不同的信息。因此，弱关系成为我们获取新信息的最优质资源。

弱关系不只是就工作机会而言是更优质的信息来源，格兰诺维特的发现还激发研究人员探究弱关系是否在更多方面给人们带来新的和有价值的信息与机会。杜克大学教授马丁·吕夫研究了企业家是如何利用强关系和弱关系的，以及这对他们创新能力的影响。[19] 吕夫调查了超过 700 个正准备推出新业务的创业团队，收集了有关他们创意的来源、团队的结构、寻找的顾问或伙伴、申请的专利数量和新奇的经营理念的信息。他尤其关注团队商业灵感的来源和这些想法的创新性之间的相关度。为了弄清楚二者之间的相关度，他要求受访者将他们商业灵感的来源归入以下类别：（1）来自与家人和朋友的对话（强关系）；（2）来自与生意伙伴、顾客或供应商的对话（弱关系）；（3）来自对媒体、行业或已有的竞争对手之间的讨论的观察（他称之为直接联系，因为信息流只朝一个方向运动）。吕夫用两种方法来衡量创新性：专利和商标的申请数量是一个客观的衡量标准，将团队的创意拿来和各领域创新的长期研究成果对比又能得出一个主观的衡量结果。

当吕夫把结果制成表格，他发现，在两种衡量标准下，那些商业灵感来自弱关系的团队更富有创新性。他们申请了更多专利和商标的事实表明，他们的想法有可能更具原创性，因此需要有知识产权保护。而他们的商业创意在各领域的创新中都属上乘，这意味着，这种商业模式本身比那些依靠强关系的团队发起的商业项目更具创造力。吕夫说："弱关系允许更多对来自不同渠道的想法进行融合的尝试，并且相比于强关系，它更少施加社会同一性的要求。"[20]

合起来看，吕夫的发现和最初由格兰诺维特发现的“弱关系的力量”现象是相吻合的。正如求职者的弱关系更有可能提供有关工作机会的新信息，企业家的弱关系也更有可能提供一个可以产生一种新商业构想的新颖视角或发现。同样地，依靠强关系的求职者不得不忍受严峻的挑战，在失业时必须说服潜在雇主为其提供工作机会，而依托于强关系的企业家也不得不忍受让自己的事业从一众竞争者中脱颖而出的艰难过程。吕夫就他的发现写道：“我们的研究结果表明，企业家可以通过扩大他们的社交圈子来避免同一性的陷阱。”[21]

该研究显然支持这样一种观点，即为了获取多样化的信息和尽最大可能地创造机会，我们需要走出依赖紧密联系的舒适圈并从我们的弱关系中获得新鲜的想法。但不是所有的弱关系都是相同的。通过熟悉感和信任感缔结起来的强关系可能更易被激发，成为我们的助力。但也有一种形式的弱关系，它对我们而言有着几乎同等的“善意”，同时仍为我们提供新信息：那些曾经是强关系的弱关系。即使是在格兰诺维特最初的研究中，他也注意到以前的同事和久违的朋友在提供私人帮助方面所发挥的作用。“偶遇或是共同朋友的牵线搭桥可以重新激活这种关系。”格兰诺维特说，“值得一提的是，人们会从那些他们早已忘记的人那里获知重要信息。”[22]随后，其他研究人员将为这种“曾经的强关系”的弱关系想出一个更简洁的名字，给它贴上“休眠关系”的标签，他们的研究将证明这些“脆弱的联系”是多么有价值。

研究人员丹尼尔·莱文、乔治·沃尔特和基思·穆尔尼汗已经花了近十年的时间研究“休眠关系”的力量。具体来说，他们一直以企业主管作为研究对象，鼓励这些人去刻意恢复一些老交情，然后观察由此衍生的结果。结果很令人吃惊。在一次试验中，这三名研究人员要求一群来自四个高级工商管理硕士班的共计224名企业高管，各自重新联系两个他们至少三年没有联络过的人，这两个人必须是他们认为能够在一个重大项目上提供建议或帮助的人。[23]确切地说，高管们要联络的是这样一个人：他们一度关系密切，但后来失去了联系，不过双方仍旧保留着一种微弱的联系。此外，高管们还需从现有联系人中挑出两个人（一个强关系、一个弱关系），这两个人须是他们在项目推进过程中已经征询过意见的人。然后研究人员要求高管们根据价值（可付诸实践的知识）、新颖度、信任度和认同度来评估这四名联系人给出的建议。

你可以想象，这些高管中的许多人对冷不防地打电话给以前的同事并征询意见的主意并不感兴趣。可是，正如研究人员和企业高管自己所发现的，这些老同事最终成为一个巨大的资源。简言之，从休眠关系处得到的建议比从现有联系中得到的建议可能更有价值。类似地，休眠关系比起现有联系也更有可能提供出人意料的见解和新颖的提议。“尽管他们最初有犹豫”，莱文、沃尔特和穆尔尼汗写道，“但参与我们研究的几乎所有高管都反馈说，激活他们休眠的人际关系，令他们获益匪浅。”[24]

然而，研究人员并不满足。仍然存在这样一种可能的解释，即休眠关系之所以能提供如此多的价值，或许仅仅是因为当高管们被要求去想能给出有用信息的老同事时，这些人首先浮现在脑海里。毕竟相比于现有强关系，我们中大多数人都有更多的休眠关系，所以从数量更大的老同事那里获得更具价值的建议的可能性是相当高的。对此，研究人员从同一个研究项目中抽取了超过 100 名高管组成一个单独的参照组，并给他们布置了不同的任务。这些高管被要求将打算恢复联系的 10 个人选列一张清单，并根据对他们价值的预估来排序，而不是仅从休眠关系中选取两人。之后，这些高管被告知，要和他们名单里的首选以及另一位随机选取的对象重新取得联系。在联系过上述两人之后，研究人员用和第一组研究中同样的方法来衡量建议的价值。“我们本以为顺着他们的名单往下选取联系对象，获得建议的实用性也会因之下降”，研究人员写道，“但得到的数据并没有显示出这一点。”[25] 相反，不论高管们预先的设想是什么，建议的价值趋于一致。这说明，休眠关系的价值更多是和关系本身的“休眠”状态有关，而非感知到的专业性。

对休眠关系的研究揭示了关于它们（能给人们带来）好处的三个主要原因。第一，和弱关系一样，休眠关系能给人们提供大量新颖、与众不同和出乎意料的见解。仅仅因为我们和某人失去了联系并不意味着这个人消失了，相反，他们仍然在我们的身边，并通过与其他社交圈子的人之间的互动来获得新的经验知识。第二，尤其是为征询意见主动联系久违的朋友，这种联系是很有效的；联系他们通常会比和现在的同事交流要快得多，因为后者可能在多个项目上都有合作。第三，休眠关系和弱关系不同，它们曾一度是更强的关系，对方的信任和愿意提供帮助的动机的确要比现在的弱关系要强得多。

尽管休眠关系已经被证明是获取新见解的一个重要来源，并且也是弱关系的一种较强的形式，但事实是，不是所有的休眠关系都具有同等的价值。我们都有过因为一个非常特殊的原因而和某个人断了联系的经历。莱文、沃尔特和穆尔尼汗发现，要预判哪些休眠关系将提供最具价值的见解是非常困难的，这也激励他们继续就这个话题探究下去。

在一项后续研究中，研究人员再次使用了在之前的研究中用过的调查方法，要求他们重新与老熟人取得联系。[26] 与之前的研究不同的是，研究人员先对高管们做了一项调查。研究人员询问这些高管：认识（名单上的）这些人多长时间了？在关系陷于休眠之前，彼此联系的频率如何？以及，（名单上的）每一位老朋友的地位，或者说，在公司内部的排名和这些高管相比是怎样的？所有的高管还被问到他们对每一个老伙计的可靠性和援助意愿抱有多高的期望。

接着，在这些高管要么约见要么通过电话（和名单上的人）重新建立联系之后，研究人员跟进，询问了高管们一系列关于获得建议的价值、所获想法的新鲜感和体验到的信任与共识的水平。令人惊讶的是，当研究人员对结果进行分析的时候，他们发现高管们一致认为，从更疏远的关系中得到的建议更新鲜也更有用……而且高管们大都更愿意和看上去要熟悉一些的人重新建立联系。换言之，当重启休眠关系时，弱休眠关系能给出更好的建议，但这种类型的休眠关系也正是高管们容易回避的。研究人员写道："我们的商业精英在选择潜在对象重新建立联系上显示出强烈的偏好，而这种偏好被证明并非最优选。"[27] 尽管有这种偏好，但它并未对交流本身的评判产生太多影响——几乎所有高管都表示，尽管交谈前有一定的偏好，但所有谈话都让他们感到愉悦并从中获益。

这些发现表明，即使是在休眠关系中，较弱的关系仍然是更为新颖、更有价值和更有用的资源，这意味着格兰诺维特关于弱关系的力量的现象甚至同样作用于老同事之间。综上所述，弱关系的力量有悖于我们的诸多偏好和我们对一些传统关系的理解。

就像研究中的这些企业高管一样，我们中的大多数人更倾向于在一个小范围、值得信赖的同僚圈子里进行探讨和咨询建议，尽管有充分的证据表明这个紧密的圈子可以提供的新信息极其有限。哪怕是被强制和一些故交重新建立联系，我们也可能趋于保守而选择那些我们更加熟悉、相较而言不太可能给我们带来新信息的人。

在人际关系光谱的另一头，传统的人际关系的建议大多聚焦于拓展全新的人脉。当然，这本身是个崇高的目标，而且新关系可能带来新的和有价值的信息与机会，莱文、沃尔特和穆尔尼汗的研究只是鼓励我们在投入大量精力经营新关系之前，适当考虑我们已有的老关系、休眠关系。毕竟，休眠关系有几乎同等的可能性为我们提供不错的建议，而且它们来得更快些，因为恢复老交情要比从零开始建设一段全新的友谊要快得多。

从老交情那儿得到新想法

当斯科特·哈里森决定发起一个新的非营利性组织的时候，他面对的正是这种情况——拓展新人脉的挑战和重启老交情的轻松。而正是他的老伙计给的灵感，使他开辟了一条不同于以往非营利性组织运营方式的“革命性”道路。在哈里森成为“慈善之水”的创立者和形象代言人之前，他是一个叛逆的青少年，在纽约做夜店推销员。他在新泽西州一个有着浓厚基督教氛围的家庭中长大，随后逃到纽约这座大城市，在纽约大学学习。他自己承认，他并不是一个严格意义上的好学生，但他确实在这里学会了如何筹办一场隆重的派对。

毕业之后，哈里森在纽约的一家夜总会找到了一份推销员的工作。他为夜总会、时尚杂志和酒类品牌组织销售派对，并且对此很擅长。一些企业品牌非常看好他，雇用他在公共场合饮用某些品牌的酒水和穿戴某些名牌的服饰。而他对若无其事地将商品的标志或标签展示给附近的照相机（这一套推销手段）也驾轻就熟。他的成功和名气为他带来了大量的合同。他的通讯簿上一度达到 15000 个联系人。凭借广泛的人脉和他筹办盛会的本领，哈里森赚得盆满钵满，但财富却让他陷入了精神贫瘠。“我有一块劳力士表、一架大钢琴、一栋公寓、一条拉布拉多猎犬，”哈里森回忆说，“而我也清楚地认识到自己是一个怎样的浑蛋。”[28]

哈里森极度渴望做出一次深刻而触及人性的改变，于是他决定投身公共服务。他毫无目标地联系了许多人道主义组织，但只有一个组织接受了他。这大概是因为，他的派对名气使他“浪子回头”的故事太难令人相信。

最终，在没有其他选择的情况下，哈里森加入了“慈悲船”志愿医疗组织，随船远航到利比里亚。这艘船是一座漂浮的医院，在这里，专业医护人员志愿奉献他们的时间，给世界上最穷困的地区送去免费的药品和外科手术服务。哈里森回忆说：“首席医疗官是一名外科大夫，他离开洛杉矶本来是打算志愿服务两周时间，然而，这一去就是 23 年。”[29]

哈里森让这个组织的成员相信他是一名摄影记者，所以他的工作变成用相机镜头记录极度贫困和他亲眼见证的由志愿服务带来的巨大转变。哈里森第一次看到了贫穷的严酷性。他见到了每年靠着比他过去卖伏特加酒瓶赚的还要少的钱生活的家庭。哈里森说：“我完全被进入相机镜头的贫穷景象惊呆了。我通常是流着眼泪记录下我原本以为不可想象的生活和苦难。”[30] 他原本签的是 8 个月的随航志愿服务，实际上在“慈悲船”上待了两年。“我在这儿待了三天之后，就真的不打算回去了。”[31]

在那两年中，哈里森也看到了造成许多苦难的主要原因，并由此产生了致力于寻找解决办法的想法。哈里森说：“我所看到的穷人面临的所有问题之中，水的问题似乎是根本所在。”[32]“（不洁的）饮用水是疾病的罪魁祸首，饮用水水质不良造成了全球 80% 的疾病，并且全世界有 10 亿人面临缺水问题。”他下定决心要找到一个方法来解决这一问题，将纯净的饮用水带给每个需要它的人。这本身就是一个宏大的目标，而且哈里森不认识在应对水质危机方面有经验的人，这使得他的目标看上去近乎不可能实现。哈里森从过去盲目联系人道主义组织而被拒绝的经历中吸取了教训。现在，他决定利用他的休眠关系，而不是闯入一个陌生领域或者费力地结交新朋友。哈里森说：“我渐渐明白，如果我先前的关系能够被网罗到一块从而产生影响，那将是多么大的一个机遇。”[33]

他回去找他在夜店和时尚界的老同事，从他两年前启程前往利比里亚以来，他就和他们中的大多数人断了联系。一开始联系到的人还比较少，后来就越来越多。考虑到他的那些老交情的身份，他的第一个项目事实上是一场派对——他自己 31 岁生日的派对。他鼓动他的老朋友们包下一家还未对公众营业的、相当时髦的夜店，并且邀请了他联系人列表上几乎所有的人。“当人们走进这家夜店，他们走过那些正在饮用脏水的人的照片，然后那些照片变成钻井机的照片，随后又变成人们正在饮用纯净水的照片。”哈里森解释说，“我向每个人收取门票，所有募集到的资金将会投入我们在乌干达的第一个项目。”[34] 700 人参加了这次派对。

这场派对活动过后，事情开始飞速发展，但并不是朝着传统慈善的方向演进。哈里森以为参加派对的那些人会关注捐献的钱款花在了哪里，所以他继续和他们保持联系。他解释说，“我打交道的这些人过去是不会把钱用在慈善上面的，所以我被迫尝试创造一种能让他们产生共鸣的商业模式。”[35] 为了达到这个目的，哈里森给打好的水井拍了照片，并将这些照片邮寄给每个参加了派对的人。反响令人难以置信。他说：“他们中有半数的人甚至都不记得曾经出席过那场派对，但他们被这些照片和他们所带来的变化震惊到了。”[36] 事实上，哈里森已经找到了对慈善事业感兴趣并愿意为之付出的一群新人，只不过传统的（慈善）模式并不吸引他们。

从那场派对开始，“慈善之水”就致力于以一种新的模式来开展公益服务，在这种模式中，所有个人善款将直接用于保障纯净水的供应。此外，每位捐助人都将持续获悉项目的进展情况和善款的最终用途。为了做到这点，哈里森和他日益壮大的团队从一开始就开设了两个银行账户：一个用于吸纳一小群愿意支付总开销的、完全信任他们的捐赠人的善款；另一个用于接收大部分个人捐赠，这些人和哈里森那些来自时尚界与夜总会的老朋友比较像，他们想知道他们的钱是否确实用到了水项目上。虽然有一些基金会和信托基金也按这种方式运作，但几乎所有的慈善机构都是通过一个或两个主要捐献者的馈赠而建立起来的，即那些决定划出他们的部分资产成立基金的亿万富翁。某个不是亿万富翁的人从零开始，并建立起一个运作方式近似慈善信托基金的非营利性组织，这种事情还从未听说过。慈善界的其他机构都不是这个路数。哈里森回忆说："在这之前没人尝试过我们的模式。"[37] 要是他当初也试着接触并结交那个世界的新朋友，他可能也不会这样做。相反，正是他的弱关系引导他产生了关于如何运作一个慈善机构的与众不同的想法。

他的老交情也帮助他用独特的视角思考如何提高（人们对饮水问题的）关注度。从一开始，"慈善之水"就特别强调故事性和设计感，这同样也是推广一个有利可图的时尚品牌或筹办一场令人惊叹的活动所必需的元素。哈里森说："我想我们做的第二件事情就是接管纽约市公园。"[38] 说到"接管"，他表达的就是字面意思——他的团队几乎让任何经过（公园）的纽约人都不可避免地接触到水危机的话题。他们拍摄了一系列引人注目的照片，照片捕捉的是没有纯净水供应保障的贫困地区对安全饮用水的渴求和所做的努力，他们将这些照片贴在装着脏水的大水箱上，迫使路过的人想象如果换作是他们每天面对寻找纯净饮用水的挑战会是怎样的景象。这个展览起到了效果，它成功吸引了成千上万的人，并为这项事业筹集到数万美元。

它也让很多人上网搜索"慈善之水"，并鼓励他们加入这个对他们来说最重要的资金募捐活动。受到哈里森最初用生日派对来募集资金的启发，“慈善之水”开始鼓励其他人放弃接受生日礼物，并转而请求（亲友们用买礼物的钱）为打水井做贡献。[39] 响应者（为此）创建了一个网页来介绍这个活动，并向（他们的）家人、朋友和同事，以及（你猜对了）向不常联系和很久没联系的熟人发出了邀请。生日捐赠号召为纯净水项目募集到了大笔资金，但更重要的是，它唤起了更多的关注。朋友间一传十、十传百，话题扩散得很快。没有多长时间，著名的商人和名流也开始创建自己的主页并动员起他们庞大的粉丝群体。滑板运动传奇托尼·霍克利用他 41 岁的生日筹集了 2 万多美元的善款。推特创始人杰克·多尔西三年没有举办生日派对，而是募集了近 20 万美元善款。[40]

生日誓言随着“慈善之水”活动口号的传播也产生了变化。随着筹款人开始联络他们久违的熟人，这些人对“慈善之水”有了了解，开始衍生出他们自己独特的想法。一个人用爬山的方式来募集善款，另一个人为募集善款游过了英吉利海峡。[41] 捐款人看到了这些冒险活动的每一个细节——善款募集到了，随后资金注入工程项目；照片寄过来了，项目的全球卫星定位坐标也有了。“慈善之水”给慈善界带来了巨大的创新，使慈善捐赠过程变得透明。如果斯科特·哈里森不曾被迫回溯他过去的生活和他以往的休眠关系，很有可能这一切都不会发生。尽管只有很少的夜店人士依旧活跃在“慈善之水”举办的活动中（哈里森认为科技界人士是目前对他们慈善事业支持力度和影响最大的群体），但如果不是最初那些弱关系，哈里森所走的道路将会大不一样。

直接从强关系中解锁价值的可能性是很小的，因为你的强关系不太可能接触到太多你不知道的信息。但弱关系研究得出的经验，得到了怀特和费尔蒂塔以及斯科特·哈里森和“慈善之水”的佐证，表明那些你已经忘却或很久没有联系的弱关系可能是你遗漏掉的一个重要资产。正是那些弱关系给了你找到新信息和意想不到的机遇的绝佳机会。此外，你的弱关系和休眠关系很可能会比你的强关系丰富得多。如果你希望把你人际关系的价值最大化，那么你需要确保你用到了所有的关系，而不是将你自己局限在目前的强关系圈子中。结论是：当论及新信息和机会的时候，你的弱关系和休眠关系要有用得多。

从理论到实践

弱关系和休眠关系的力量带给我们最大的启示是，我们应该抑制自己的冲动。举个例子，当我们遭遇一次事业上的挫折时，我们往往倾向于只和亲密圈子里的朋友诉说，他们或许能够提供帮助，或许不能（很有可能不能），然后我们就开始盲目回复网上的招聘广告或打电话给猎头。与之相反，我们应该去联系我们的弱关系和休眠关系，把我们的事情告诉他们，看他们能够提供给我们什么样的机遇。

更理想的是开始重新接触你的弱关系和休眠关系的常规练习。下面是帮助你开始的每周例行任务：

1. 像研究中的企业高管一样，列出 6~10 名曾经与你关系密切但之后失去联系的工作伙伴——最起码包括那些两年内你没有深入交流过的同事。

2. 随机选取名单上的一个人。掷色子或扔硬币做选择，如果你觉得有必要的话。然后给他 / 她发邮件或打电话，邀请他 / 她面对面交流或通过电话交流。
3. 不要设定议题。不要说你正在寻找某样特殊的东西。只要表明你想要重新建立联系。因为一次自由流畅的对话，有可能涉及工作事务、问题、机会等等。记下这些，在你可以提供帮助或可能需要帮助的时候继续这些话题。

在线练习

不论你认为自己是一个技术上的卢德分子（反对新技术或新工作方法的人），并且在像脸书或领英这样的网站上没有一个社交账户，还是在数字化时代长大的人，你都很走运。这些平台大部分都有一个选项来引入你的邮箱或手机的联系人列表，并向任何符合匹配条件的人发送联系邀约。如果列表中存有老熟人的联系方式，那么该服务将自动为你完成第一步和第二步。当然，结果仍取决于你，要有勇气，敢于发起对话；帮人增添勇气的技术你在这里还找不到。

完成这项练习要用到的模板，请访问 http://davidburkus.com/resources/，寻找“人际关系资源”并下载。

第二章

每个人都可以成为你的朋友

我们通常认为关系网仅仅是一个我们拥有的联系的集合——大的或小的、好的或坏的——并且往往依据手头情况判断出关系的实用性，继而给这些人分类。然而，研究表明，我们所有人都是如此紧密地联系在一起，这种分类并不是为我们的关系网搭建框架的好的方式。事实是，我们所有人都身处一个大的关系网络中，而那些取得成功的人并不是有着最优质关系的人，而是那些能够洞悉并最好地利用他们关系的人。

1994 年，三个醉醺醺的兄弟改变了我们对人类关系的理解。

或许时间比较长了，但也不是太久。这三个人，克雷格 · 法斯、布莱恩 · 特特尔和迈克 · 吉内利，都是宾夕法尼亚雷丁市奥布赖特学院的学生，他们在一起看了许多部电影，并由此产生了好奇，为什么凯文 · 贝肯会出现在如此众多不同题材的电影中。[1] 那天，他们先是一口气看了好几部电影，这些电影中都有贝肯的身影。他们开始猜想，可能贝肯是好莱坞世界的中心。的确，这是一个以凯文·贝肯为起点的关系网，或称“六度贝肯”（这个名字来源于一个知名的现象——“六度分离”①）。

为了验证他们的猜想，他们决定玩一个游戏。作为资深影迷，他们开始随机说出男演员和女演员的名字，看需要多少步才能将他们与凯文·贝肯联系起来。举个例子，埃尔维斯·普雷斯利（猫王）与凯文·贝肯之间仅隔着一个联系人。普雷斯利与沃尔特·马托在电影《硬汉歌王》中有过合作，而马托与凯文·贝肯共同出演了电影《刺杀肯尼迪》。[2]他们三人之间的联系使普雷斯利获得了一个赋值为2的“贝肯数”②。汤姆·克鲁斯的贝肯数是1，那是因为他和贝肯一道出演了电影《义海雄风》。即使是很早之前的演员，也可以相对轻松地和贝肯扯上关系。玛丽莲·梦露的贝肯数只有2。（梦露和凯文·麦卡锡出演了电影《乱点鸳鸯谱》，而后者在电影《糊涂英雄傻超人》中与凯文·贝肯有合作。）

深信自己偶然发现了一个了不起的秘密，三兄弟给一档在音乐电视频道播出的备受大学生群体喜爱的深夜节目——乔恩·斯图尔特主持的《窖司徒每日秀》节目组写了一封信。他们的信言简意赅：“我们三人肩负着一项使命。我们的任务是要向《窖司徒每日秀》节目的观众证明，等着瞧吧，这个世界，贝肯才是上帝。”[3]令人吃惊的是，

① 六度分离理论是说，最多通过5个人你就能够认识任何一个陌生人。根据这一理论，你和世界上任何一个人之间最多只隔着5个人。——编者注

② 贝肯数是描述一个演员与影星贝肯“合作距离”的一种方式，即二者之间发生连接需要的步骤。——编者注

他们的信居然起作用了。他们被邀请上节目来向观众展示，他们如何做到在凯文·贝肯和随机选出的演员们之间建立联系。他们也因此有机会在节目中见到贝肯本人，算是收获了他们自己的贝肯数。他们通过这个节目走红，贝肯数的游戏也迅速传播开来，三兄弟甚至因此获得了一份出书合同。

更有意思的是，在弗吉尼亚大学读书的两名计算机科学专业的学生，格伦·沃森和布雷特·查登，观看了这档电视节目，并把游戏玩出了新高度。他俩凑巧观看了那关键的一集并认定算出任意两个演员之间的贝肯数是一个可行的研究课题，只要能够找到数据来源。[4]幸运的是，另一位计算机程序员早在几年前决定搞一个互联网电影数据库的时候就已经汇编了相应数据。那个网站汇聚了曾经公映过的几乎每一部电影中包括导演、编剧、制片人或演员在内的几乎所有主要演职人员的信息。

这正是沃森和查登需要的数据。仅经过数周的编写和完善，他们就推出了一个名为“贝肯神谕”的网站，任何人在这个网站输入任意两个电影明星的名字，网站程序就会在数秒内找到二者之间最短的联系路径。（虽然该网站默认输入“凯文·贝肯”，但你可以删掉他的名字、替换它，来寻找两个非贝肯明星之间的关联。）游戏的人气，以及这个网站为游戏参与者之间的辩论提供的仲裁渠道，为网站的迅速走红添威助力。在该网站名气如日中天的时候，每天的访问量达到2万人次。受它启发，众多山寨游戏也“应运而生”。“马龙·白兰度数”在德国蹿红。而在莫妮卡·莱温斯基丑闻事件发酵的当口，《纽约时报》甚至印制了一个名为“莫妮卡数”的图表，将她和像比尔·

克林顿（两人的关系显而易见）、O.J. 辛普森，甚至还有凯文 · 贝肯这样知名的（以及声名狼藉的）人物的关系标注出来。（现在，这个网站由另一个程序员帕特里克 · 雷诺兹经营，他在 1999 年重建了这个网站。）2007 年，贝肯受到因他而名声大噪的六度数游戏的启发，自己成立了一个慈善机构，通过该机构邀请社会名流给一些需要帮助的、不为人知的地方慈善组织增添知名度。[5]

尽管凯文 · 贝肯凭借一个以他为中心的数字游戏，毫无争议地成为最知名的人物，但他并非第一个因此出名的人物。第一的头衔属于保罗 · 埃尔多斯，一个不仅因为多产（发表过 1500 多篇论文），而且因其频繁地与他人合作（有超过 500 名合作者）而出名的数学家。[6] 今天的数学家们会做一个游戏，通过发表的作品来看他们和埃尔多斯的关系有多近。最初的 500 名合作者拥有一个赋值为 1 的埃尔多斯数，而跟他们有过合作的人得到一个数值为 2 的埃尔多斯数（除非他们也曾直接和埃尔多斯有过合作）。美国数学学会甚至维护着其为埃尔多斯设计的一个“贝肯神谕”网站，有一个测量“合作距离”的计算器，可以找到任意两名数学家之间的关联。[7] 有趣的是，保罗 · 埃尔多斯目前有一个数值为 3 的贝肯数，他在纪录片《N 是一个数字：保罗 · 埃尔多斯的自画像》中饰演他自己（片中有罗纳德 · 格雷厄姆的镜头，而他曾和戴维 · 约翰逊在电影《导演剪辑版》中有过合作，后者和凯文 · 贝肯一块出演了《对话尼克松》）。

对于游戏原理的解释回溯起来甚至比保罗 · 埃尔多斯现象的出现还要早得多，它揭示了某些人际关系更广泛的本质。贝肯数和埃尔多斯数之所以存在，是因为贝肯和埃尔多斯各自所处的行业都相对较小，但正如社会心理学家斯坦利 · 米尔格拉姆首次提出的理论阐述，整个世界的运转机理有点类似贝肯神谕，而我们所有人都仅需一些短线连接就能在彼此间建立某种联系。

每个人的六度数

斯坦利 · 米尔格拉姆是哈佛大学一位享有设计天才美誉的教授，但他因在人类行为和人际关系上的研究而备受争议。在来到哈佛之前，米尔格拉姆曾在耶鲁大学做过一个个人服从权威的极限测试，哪怕这种测试会对另一个人造成伤害。这个"遵从权威"的研究是如此有名，以至于人们提到它的时候常常用"米尔格拉姆实验"来指代。[8] 但他接下来的研究可能影响更大。

作为一个狂热的旅游爱好者，米尔格拉姆会去像马达加斯加或帕果帕果这样偏远的地方游玩。[9] 不论他去哪里，他总喜欢玩一个古怪的游戏。他会找到一个完全陌生的人，通常是当地的某个人，向他介绍自己。然后他会开始和那个陌生人交换联系人信息，就为了看看他俩会否碰巧有共同的朋友。正是这个小游戏启发了米尔格拉姆和他的学生杰弗里 · 特拉弗斯去研究我们所有人之间的联系到底有多么紧密。

米尔格拉姆和特拉弗斯首先选中了一个目标个体来着手进行他们的试验，这是一个在波士顿工作的股票经纪人，他就住在马萨诸塞州的沙伦附近。[10] 然后他们选取了一个他们能想到的最远的地方。对米尔格拉姆来说，考虑到他是一个住在波士顿的纽约人，那么接下来对地点的选取，内布拉斯加州的奥马哈[11]就再合适不过了，因为那里听上去就像“是在大平原（亦称美洲大沙漠，位于美国中部）或其他地方的某处”。[12]选好了城市，两位心理学家就开始招募实验参与者。

米尔格拉姆和特拉弗斯总共招募了296名志愿者。被招募来的人中，约有三分之一是从奥马哈当地人口中随机选择的。另有三分之一的人也来自奥马哈，但是从一份蓝筹股民名单中抽取的（他们被认为更有可能找到和一个股票经纪人之间的联系）。剩下的三分之一事实上来自波士顿（这也是猜测，认为这部分人能够提供一条联系到目标对象的更便捷的路径，因此他们的作用可以说是对照组）。这些人，不论他们的名字是从这三组中的哪一组抽取出来的，都将成为一连串联系的起点，这串联系将最终导回到那个波士顿的股票经纪人。

每个参与者的邮箱随后都收到了一份官方模样的小册子，上面还印有哈佛大学的标志。[13]这个“通行证”——实验者对它的称呼——包含了如何联系到那个目标经纪人和如何追踪小册子去向轨迹的说明。如果参与者认识目标对象，那么他们可以自由地将小册子寄给他；如果他们不认识目标对象，那么他们会被指示将小册子寄给某个他们熟悉并且有更大可能把小册子送到目标手上的人。他们可以寄给生活在马萨诸塞州的朋友，或者寄给当地一个在金融行业工作的联系人，抑或寄给其他任何一个他们觉得能帮助这本“通行证”找到归宿的最佳人选。在每一组数据包中都有一套“追踪者”卡片——预先写好地址的明信片，它们将被寄回给特拉弗斯和米尔格拉姆，这样他们就可以追踪是哪个参与者寄出了通行证。

仅用了几天时间，就有数张通行证寄到了那个股票经纪人的办公室。[14]第一张成功寄至波士顿的通行证仅转了两次手。在总计 296 张通行证中有 64 张成功送达目标手中。[15]在这 64 张通行证中，每张平均经手人次为 5.2。即使是内布拉斯加组，平均经手人次也只有 5.5（这些是抵达目标的所有通行证的平均经手次数，因此有小数位。将其理解为通行证的传播距离为 5~6 人会更直观些）。在联系到目标个体的人中，积极投资股票的人和随机抽取的人并没有明显的差别。为避免出现 0.5 个人的情况，结果取近似值为 6 个人——这就是在随机选取的人和居住在半个国家之外的一个特定目标之间的六度分离。出乎意料的是，来自波士顿的参与者组成的小组表现得并没有好很多。尽管在数据上差别要大些，但他们的传递链条在长度上仍有 4.4 人距（或 4~5 个人）。一个可能的解释是大部分最终抵达目标手中的来自奥马哈的通行证首先寄给了距离目标最近的某个人，而从那之后传递链条的长度就和那些来自波士顿的参与者的传递距离相差无几了。

尽管这个实验当中的第一步是相当有意思的，但倒数第二步更有趣。那个股票经纪人收到的这 64 封邮件中，几乎半数都是由相同的三个人寄出的。事实上，它们中的 25% 是由同一个人寄出的。

有关特拉弗斯和米尔格拉姆的实验的消息迅速传播开来。除了将他们的研究成果发表在一本同侪审议过的学术期刊上，米尔格拉姆还给流行新闻杂志《今日心理学》写了篇有关实验情况的署名文章。[16]对米尔格拉姆来说，这个实验解释了为什么他过去常常能够找到和完全陌生的人之间的联系，哪怕这个人是来自他去过的最遥远的异乡。他的实验结果令人称奇，证明我们所有人都彼此相连，这中间仅需几次介绍。尽管这些发现如此令人吃惊，但这个实验仅仅揭示了建立联系的简短路径，却无法揭示这些人际网络是怎样起作用的。30 年之后，两位在康奈尔大学供职的科学家最终提出了一个能解释这一切的模型。

20 世纪 90 年代末期，康奈尔大学教授史蒂文·斯特罗伽茨和博士研究生邓肯·沃茨正在研究萤火虫。[17] 确切地说，他们当时正在研究巴布亚新几内亚的一个特殊品种的萤火虫。不可思议的是，这种萤火虫可以随着身边的萤火虫同步闪烁。从黄昏到午夜，它们会以某种方式与身边的萤火虫保持一致运动，直至整个荧光群以统一的节奏闪烁。观察者会注意到整棵树的萤火虫有规律地闪动。沃茨和斯特罗伽茨想知道原因。然而，在实验室里，他们的研究遇到了瓶颈。

一天，在思考萤火虫的问题时，沃茨记起父亲曾经告诉他说，每个人跟美国总统之间最多只有六次握手的距离。尽管彼时米尔格拉姆的研究已经公开发表过了，但沃茨还没有读过它，所以这个现象离他有一点远。但比起一树的萤火虫以诡异的方式同频闪动来说，这显得没那么难以置信，于是他决定调查一下。他去了图书馆，找到了米尔格拉姆的论文和格兰诺维特关于弱关系的力量的研究成果，但也就止步于此了。他所找到的其他所有研究都令人失望，没有一个能够提供任何有用的解释。沃茨想知道这是否有助于解决萤火虫的困惑，于是鼓动斯特罗伽茨加入他，一起探究表象之下到底在发生着什么，以揭开我们彼此之间六度分离的原因。

两名研究人员都认为这个困境本质上是一个数学问题，与图形理论（数学的一个子领域）有着惊人的相似度，但鲜有数学家敢于触碰这个问题。沃茨和斯特罗伽茨决定用图表和数学来解决它。一开始，他们画了一个非常有序的网状图——沿着一个圈散布着一系列圆点，每个圆点都只和离它最近的邻点相连。[18] 如果采用现有的连接方式，从一个点到另一个点的传播链条将很长。但当沃茨和斯特罗伽茨尝试随机添加几条横亘圆圈的连接线后，神奇的事情发生了。尽管只是添置了几条新的连接线，传播链条却迅速缩短了。通过电脑模拟，他们构建了数百个新模型来重复这一过程。他们每次都会先画一个有着特定大小和统一连接方式的有序的网状图，然后随机添加几条横跨整个网络的连接线，并观察传播链条戏剧性缩短的过程。

仅需要几个连接——几个将信件从奥马哈转到波士顿的人——就可以使一个大而密集的世界瞬间变得非常小。沃茨和斯特罗伽茨发现了小世界效应背后的原理。他们由此找到了一个方法，让社交网络在令人难以置信的广袤的同时，又可以变得很小且相互联通。

为了理解小世界效应是如何起作用的，请想象你正坐在由 24 个人围成的一个圆圈当中，圆圈里的每个人都只能和他两旁紧邻的人说话。需要经过 12 个人才能将信息传递给圆圈那头正对着你的那个人。但是现在请想象圆圈中有这样 4 个人——不是每个人都可以，只有那 4 个人——他们有办法把信息直接传递给坐在他对面的人。不论你坐在哪个位置，传递信息需要经过的人数突然间就减半了。那 4 个人所提供的传播捷径，是产生这种变化所需的全部条件。现在，请想象一个环坐有 70 亿人的圆圈，其中有数以百万计的人有为他人提供联络捷径的能力。你所面对的将是一个仅需要数次引荐就能实现任意关联的世界。换句话说，你将拥有我们的世界。

沃茨和斯特罗伽茨迅速将他们的发现写成论文并寄给了著名的科

学杂志《自然》，但在这之前他们决定用最著名的小世界的例子——凯文·贝肯来验证他们的假设。沃茨和斯特罗伽茨联系了“贝肯神谕”网站的创始人之一布雷特·查登，并向他借数据。利用他的工作成果，加上从互联网电影数据库收集来的数据，沃茨和斯特罗伽茨重新搭建了一个电影人物关系网，这个关系网将合作演员作为连接点。结果显示，在大约 22.5 万个男女演员中，任意两个人之间的关联路径出人意料的短。每个人都可以在 4 步之内同其他任何人建立关联，因为，好莱坞正像他们设计的数学模型一样，是一个紧凑的网络，这个网络中有许多能够跨越遥远的距离为其他人提供联络捷径的人。

然而，有趣的是，凯文·贝肯并不是这些人中的一个。尽管以他为联络起点到其他每个人的路径要短一些——少于 3 步——但这绝不是最短的路径。这一殊荣当属罗德·斯泰格尔，严格意义上讲，他并不是一位电影明星，但他出演了 148 部不同体裁的电影。[19] 至于贝肯，他在以人脉排行的影星榜上竟然仅列第 669 位——离“宇宙中心”还差得远呢。[20] 当然，这对贝肯来说是个坏消息，对我们而言却是个好消息。他因为被视作交际最广的演员而声名鹊起，看来不过是一个历史的侥幸。（如果奥布赖特学院的学生当时看的是另一个不同的电视频道，那么很有可能那个游戏就变成寻找“查克·诺里斯数”了。）然而，由贝肯到其他人的联络路径很短是不争的事实，虽然他在影星交际榜上排名靠后，这意味着可能我们所有人的人际关系都要比我们想象的更加丰富。邓肯·沃茨也想对此一探究竟。

在发现了小世界效应存在的原因之后，沃茨希望在一个更大的范围内对这个理论加以证实。沃茨和彼得·多兹、鲁比·穆罕默德一起，重现了米尔格拉姆的实验，但用的是现代科技和一个大得多的样本群体。[21] 他们设立了一个网站来招募实验参与者，然后指向在世界范围内选定的 18 个目标接收者中的一个。这些目标接收者身份各异，既有美国的大学教授，也有澳大利亚的警察以及印度的技术顾问。

他们指导参与者通过邮件将消息推送给自己的一位熟人，再通过他使消息更接近目标接收者。超过 2 万人报名参加实验，到实验结束的时候，全世界 166 个国家的 6 万多人参与了消息的传递。最终，实验结果和米尔格拉姆的发现惊人地相似。尽管两个实验在地理分布和目标多样性层面有着明显的差别，但推算出的传播链条长度都居于 5~7 人距之间。与米尔格拉姆实验不同的是，沃茨的实验中不存在信息传播的共同渠道。信息通过多个传递途径，并有同等数量的参与者送抵目标接收者，而非由两到三个人垄断了信息传递的最后一站。沃茨后来写道："普通人和杰出的人一样，有能力跨越社交和职业圈子的鸿沟，跨越国别或者地域的局限，与他人建立联系。"[22]

凯文 · 贝肯不是宇宙的中心，没人是。

而那个宇宙可能比我们最初预想的要小得多。自 2011 年起，脸书就携手数学家和社会学家来追踪其用户之间的分离程度。[23] 有趣的是，随着用户数量的增长和脸书在世界范围内市场占有量的扩大，用户之间的距离在不断缩小。2011 年的时候，有 7.21 亿人有脸书账户，用户之间的传播链长度为 3.74 人距（3~4 个人）。当脸书 2016 年再度开展研究的时候，用户数量已经增长了一倍以上，达到 15.9 亿人，传播链长度缩短到 3.57 人距（仍然是 3~4 个人，但逐渐逼近 3 个人）。换言之，只要你有一个脸书账户，那么在一个 10 亿以上量级的社交网络中，你与其他任何人之间只间隔不到 4 个人。

不过，十分有必要留意一个小的补充说明。脸书是基于其可动用的资源在可能的条件下对人们的分离程度做出的推算，并得出 3.57 人距的平均值。而米尔格拉姆和沃茨都是要求实验参与者采取行动并追踪那些行动。尽管如此，脸书的发现表明，在这个星球上的 70 多亿人当中，人们彼此建立联系的可能性要远大于沃茨和米尔格拉姆实验得出的结果。事实上，我们同其他任何人之间的距离可能要比六度分离理论得出的 6 人距要小得多。我们之间的关联度可能比所有人想象的要大得多。

或许米尔格拉姆知道这一点。虽然我们往往将特拉弗斯和米尔格拉姆的研究作为“六度分离理论”存在的证据，米尔格拉姆自己却从未用过这个术语。[24]“六度分离”这一术语出自约翰·瓜尔，他受人际关系科学发现的启迪在 1990 年写了部剧本。在这部剧本以及随后根据它改编的电影中，有一个主要角色在结局有一段著名的独白：

> 我在某本书中读到，这个星球上的每个人同其他人之间至多间隔 6 个人。所谓六度分离，就存在于我们和世界上其他任何一个人之间。美国的总统、威尼斯的船夫，往里面填上你能想到的名字吧……不只是那些大人物，它可以是任何人。一片雨林中的一个原始人，一个火地岛人，一个因纽特人，通过一串 6 人的足迹，我必定能来到这个星球上任何一个人面前。这是一个多么神奇的想法……每个人都是一扇通往其他世界的新门。[25]

瓜尔的剧本概述了对小世界和人际分离度的研究所得到的真正收获：我们并不能拓展或创建一个社交圈——事实是，我们已经身处其中。我们的社交圈不是与我们分离、可供我们使用的一个名片夹，相反，我们都是这个更大的整体中不可或缺的一部分。全体人类（足足有 70 亿人之多，而且这一数字还在增长）构成了一个互相连接的网络。每个人都是一个朋友的朋友（即使我们还未曾见过那位朋友）。我们所遇见的每个新朋友都为我们解锁了在他的社交圈中自由航行的能力，并且任何一个人都能为我们打开一扇通往一个全新世界的大门。

探索人际关系的一切可能

正是因为懂得如何利用新的社交圈子，米歇尔·麦凯纳－道伊尔才得到了她梦寐以求的 NFL（美国国家橄榄球联盟）的工作机会。道伊尔打小就是一个体育迷，那时校园运动还由男性主宰，但并没能阻止她尝试参加包括橄榄球在内的几乎每一支校队。道伊尔自嘲道："我没有表现得很突出"。[26] 但她确实在她的高中把几乎所有能做的工作都做了一遍，这使她不断靠近自己的目标。从给橄榄球赛场画线到在小卖部贩售热狗，为了能够继续接近这项运动，她做了她能够做的一切。

她对橄榄球的热情深受家庭的影响。她父亲是橄榄球传奇四分卫乔·纳马什的忠实粉丝，而她哥哥作为橄榄球特长生接受了亚拉巴马大学的全额奖学金。事实上，她的父亲几乎确信他将看到自己的孩子有一天能够跻身NFL。他是对的，只不过这个孩子并非他的儿子。道伊尔决定进入奥本大学学习会计学（这个决定在她支持亚拉巴马“赤色风暴”球队的家庭里并不受认可）。在那里她的生活继续围着橄榄球转。她在奥本大学体育部工作，曾给橄榄球巨星博·杰克逊做过辅导员。毕业后，道伊尔一度将她献身橄榄球事业的梦想雪藏。她先是在会计和金融行业工作了几年，然后进入迪士尼公司并在那里奉献了14年，实现了从一个严格意义上的会计到一个负责收集和分析消费者数据以改善顾客体验的技术人员的转变。最终，她得到了奥兰多环球影城首席信息官的位子。

道伊尔在技术岗位上继续奋斗、不断升迁，最终成为当时总部在巴尔的摩的一家世界500强能源企业美国联合能源公司的首席信息官。当美国爱克斯龙电力公司在2011年宣布它正着手收购美国联合能源公司并将集团总部迁至芝加哥时，道伊尔面临一次人生的重大变动：要么收拾行李搬家到芝加哥，要么辞职另谋高就。“我并不想搬去芝加哥，”道伊尔回忆说，“所以在我的脑海里有一种声音告诉我，我需要去寻找，但我并不想再去找另一份工作。”[27]这时，她对橄榄球的热爱再一次帮助她为自己的职业生涯找到了一条出路。

当在线管理她的梦幻橄榄球队的时候，道伊尔发现她总是不自觉地在NFL的网页徘徊。“在网页底部有一个链接——‘关于我们’，里面有一处是用来发布招聘信息的。”[28]道伊尔开始阅读招聘岗位列表，从中发现有一个岗位看上去很熟悉。表上标明的并不是一个首席信息官的职位空缺，但岗位需求近乎完美地匹配上她的工作经验。“我读了岗位描述，我感觉我会喜欢这个工作，他们需要的是一个首席信息官。”当她把招聘启示给她丈夫看时，她丈夫肯定了她的想法，他说这个工作岗位听起来就像是给她量身定做的。当时，她并不认识在 NFL 工作的任何人，也没有任何办法在一群盲目求职的人中脱颖而出，所以她把在那里工作的想法暂时抛诸脑后了。

几天后，一个朋友又把去 NFL 工作的想法推到了她眼前。这个朋友也在网上看到了同一个招聘启示，她把网页链接转发给了道伊尔，并附上一句话，提示这个岗位需求和她的条件完全匹配。道伊尔想：“好吧，已经有两个人这么说了。”有了这次肯定，她下决心申请这份工作。[29] 唯一的问题是，她找不到 NFL 行政办公室的联系方式。此外，她还必须使 NFL 的管理层相信一点，即 NFL 真正需要的并不是他们在网上贴出来的岗位，而是一个能够跻身高层领导圈子的完全意义上的首席信息官。要实现上述目标，远非一次随机的线上求职申请能够做到，所以她很清楚她需要接近那些有权做出雇用决定的人。她只是不知道应该从哪里下手。

即使是在她的弱联系中搜寻，也没有任何一个曾经在 NFL 供职过的人。不过，通过几个中间人，有一条路径可以帮助她联系到 NFL 的高层。

“我开始动用我的人脉，”道伊尔说，“我曾经在迪士尼工作过的某位同事当时在拉塞尔·雷诺兹公司供职。”[30] 这个人之前在迪士尼公司是一个演职人员，后来转行去了一家著名的猎头公司做猎头。他和他所在的公司当时都没有为 NFL 的这个岗位挖人，但他碰巧知道哪家猎头公司在做这件事，以及该如何引起那家猎头公司的注意。他帮道伊尔联系到了正确的猎头公司，然后这家猎头公司把她推荐给了

NFL。有了这层关系，她就有办法向 NFL 的高层推销她自己和她的主张。这需要一点时间，不过经过前后 6 个月的折腾，NFL 最终为道伊尔提供了一个职位：NFL 高级副总裁和首席信息官。

道伊尔成为这个由男性主导的联盟有史以来的第一位女性高管。最理想的一点是，她的父亲最后也得以亲见自己的一个孩子成功进入 NFL。道伊尔的故事振奋人心，它提供了这样一种希望，即几乎任何人都可能找到他们感兴趣的有价值的工作。但这也是一个强调了六度分离理论的重要性和我们所有人都可以通过运作身处其中的这个大网络来实现自己理想的故事。朋友的朋友的关系可以成为一个强有力的工具，即使当我们并不直接认识某个人的时候。小世界效应和六度分离理论给我们的教训是：没有哪个人是宇宙的中心——所有人都不是；所有人都能通过这个大的人脉网络找到一条路径来摘下（我们想要的）星星。

从理论到实践

正如我们在第一章中学到的，你的休眠关系中蕴藏着一股难以置信的力量。你许久不曾联系的老朋友通常有途径接触到新信息。但是，正如我们在本章中看到的，老关系比仅仅了解新信息有价值得多。之前很紧密的关系后来逐步归于沉寂，一个最常见的原因是，要么你，要么他已经往前走了。你们中的一个人可能搬到了一个不同的地方，或者换了工作，又或者进入人生的一个不同阶段中去了。

但当你们前进的时候，你们不会只是离开——你同样到达了一处新的地方。正如道伊尔在她开始探索她的人脉网络时所发现的那样，通常当某个人离开了，他随之成为一个更大网络中有价值的联系对象。同老朋友取得联系会给你关于人际关系更广阔的体验，并使你了解到有多少潜藏的人脉资源正在你触手可及的地方等着被开发。换句话说，前同事比你想象的更有价值。

一种最好的保持联络的方式，或者重新取得联系的方式是通过之前建立的工作群。尽管道伊尔没有一个可以利用的正式的前同事联络群，但她在和前同事保持联络方面做得很不错，并由此得到了回报。

在今天的条件下实现这一点要容易得多。大多数大学都有相当活跃的校友网络（校友们将其视为一种对未来有帮助的资源），而许多公司，甚至非营利性组织都开始构建同事网络，以便和前同事保持联系（它们将这些人视为信息的一个有价值的来源，这正如休眠关系的研究所预见的）。此外，行业协会和专业团体不仅是拓展新人脉，而且是与进入新角色但仍旧待在同行业的前同事重新取得联络的好地方。

如果你找不到任何可以用于重新建立联系的校友群、行业协会或是专业团体，那么为什么不试着自己建立一个呢？这无须多阐释。主动联系之前的同事，邀请他们吃一顿饭，或仅仅是去个电话了解他的现状，都足以发起一场重温旧情的运动。有趣的是，这正是在宝洁公司发生的事。前雇员们成立了一个非营利性质的同僚俱乐部，这个俱乐部声势日盛，以至宝洁公司特意选择与他们合作，来为所有前雇员以及他们的社区提供服务。如今，宝洁公司的雇员网络足以同那些花大力气经营的大学和咨询公司的人脉网络相匹敌。

在线练习

像脸书和领英这样的社交媒体服务是一个与老同事重新取得联系的绝佳场所，你还可以切身体会仅需通过朋友几次居中介绍便可接入一个更大的人际关系网络的绝妙感受。这些服务（以及其他的社交媒体网站）都提供了一个“群组”功能项，能让任何人围绕兴趣、居住地或前同事建立一个群组。即使你之前的组织并没有官方的成员联络网站，组织内的某个人也很有可能创立了一个线上链接。如果这些都没有的话，以下服务将帮助你降低从零开始创设你自己的联络群的成本。

完成这项练习要用到的模板，请访问 http://davidburkus.com/resources/，寻找“人际关系资源”并下载。

第三章

成为一名掮客并填补结构空缺

我们常在想，只要待在既定的轨道里，顺着职场的位阶向上爬，或者成为自己所在领域的专家，并专注于认识更多本行业或部门内部有影响力的人，就能迈向成功。然而出人意料的是，对人际关系的研究揭示，在一个单一行业中，一个联系紧密的工作团队里人脉最广的人也远不如跨领域传递信息的人有价值。这个发现对于人们如何规划自身的职业生涯以及如何进行组织管理都有意义。

珍妮·麦戈尼格尔不得不在玩电子游戏和从头部创伤中恢复做出抉择。她两样都选，这个选择救了她的命。

2009 年的夏天，麦戈尼格尔在她的办公室里俯身去捡一些纸。起身的过程中，她的脑袋狠狠地撞在了橱柜门板上。没什么大问题，她想，但她心里清楚，有哪里不对劲。意外发生后她和她丈夫说了这事，“那感觉一点儿也不好”。[1] 几个小时后，她开始感到有些不舒服。随后，她出现了头疼、眩晕和口齿不清的症状。她发现，她只要一开始读书或写字，身体就会出现不适的症状。这些似乎预示着那个不小心的撞击根本不是件小事。

麦戈尼格尔去看了医生，医生诊断说她患有脑震荡并让她回家休养，医生说经过一周的休息她应该会感觉好些。然而，一周之后，她并没有觉得变好。原本预计一周内不适感会消失，结果过了一个月还没好，医生又将恢复预期调整为三个月。医生说，她并没有顺利地从脑震荡中恢复，所以症状会持续更长时间。她的医生告诫她应避免做任何可能触发症状的事情。不要读书或写字，不要运动，不要工作，不要喝含酒精或咖啡因的饮料，不要打电子游戏。“换言之，”她对她的医生开玩笑说，“我失去了活着的理由。”[2]

结果她根本不用熬足无所事事的三个月，头部受伤34天后，她就迎来了她的“顿悟”时刻——但并不是大多数人所预期的那样。

她想：我要么在这种无所事事的状态中崩溃到自杀，要么我就将这次的痛苦转化为一场游戏。[3]

她的这种自杀倾向并不罕见。三个脑部受过创伤的人中间就有一个有自杀倾向，即使是一个性格温和的人，也会逐步变得抑郁，并开始强烈质疑自己是否能够康复，继而考虑要结束自己的生命。当时，麦戈尼格尔的脑中就有一个声音告诉她，她将永远无法康复，她想死。

然而，她想把这种痛苦转化成一场游戏的想法，却是罕见的。事实上，这个想法可能只会产生在她身上。

在这起意外发生前，麦戈尼格尔花了近10年的时间研究游戏对人心理产生的影响，并致力于设计能让这个世界变得更好的电子游戏。[4]

麦戈尼格尔职业生涯的起点是在纽约为各种商业项目做游戏设计，但这种生活并不完全是她想要的。她有一个搬到加尼福利亚州生活的双胞胎姐姐，在斯坦福大学学习心理学，姐姐劝她搬到西部生活。麦戈尼格尔随后在加州大学伯克利分校攻读表演学博士学位。修读学位的计划非常灵活，她可以依照自己的兴趣进行调整，于是她把自己设计游戏的背景和心理学的一些内容融合了进去。

有了这一新知识的武装，并且站在游戏和社会科学的交叉道上，麦戈尼格尔开始投身那些利用游戏的激情和创造力来解决社会问题的项目。[5]她制作了一款叫作“无油世界”的为期 6 周的模拟游戏，游戏里玩家必须想方设法熬过一场虚拟的石油短缺危机。之后她又和世界银行合作推出了一款名为“唤醒”的游戏，游戏中玩家必须想办法帮助根除贫穷。“唤醒”会将玩家的想法在现实世界中付诸实践，孕育出大约 50 个商业和社会组织实体。通过以上工作，麦戈尼格尔实践着她的主张，即游戏并不只是对生活的逃避，相反，游戏可以真正帮助改善人们的生活。

如今，对因受脑部创伤而被迫躺在床上的麦戈尼格尔来说，要在这种情况下证明自己的理论比以往任何时候都面临更大的挑战。她能够设计一款帮助自己痊愈的游戏吗？

她称自己的游戏为“珍妮——脑震荡终结者”，这是为了向她最喜爱的科幻女英雄巴菲——吸血鬼终结者致敬。[6]她召集姐姐和丈夫作为同盟军来帮助她，他们在一起明确了她可以应付的挑战，这些挑战能够促进她的康复，同时也能帮她规避那些会触发不适症状的“坏家伙”。每天结束的时候，他们会针对她的表现算出一个分数。

在非常短的时间内，这个游戏就帮她恢复了不少。虽然还有许多生理症状，但是她的心理症状开始消失。她的抑郁和焦虑感减轻了，并且随着时间的推移，她不论是外表还是身体感觉上都开始好转。“虽然当时我仍有一些症状，虽然我仍感到疼痛，但我已不再痛苦，”她说，“我觉得我更能掌控自己的命运了。”[7]

这个游戏玩了几个月之后，麦戈尼格尔把它推向公众。她把她的经验放到网上，还制作了一个简短的视频讲解如何玩这个游戏。她还改了游戏的名字。在她疗养期间，许多人祝愿她尽快康复，作为对他们的勇敢回应，她不仅想变得更好，而且想变得“超级好”，于是游戏的新名字就此诞生。

不久，麦戈尼格尔就收到了来自世界各地正在玩他们自己的“超级好”版本游戏的人的来信。他们不仅通过这款游戏和长期的病痛以及精神压抑做斗争，而且通过这个游戏缓解失业的压力或从痛苦的分手中恢复。超过 50 万的人如今把玩“超级好”游戏作为确实变得超级好的一种途径。这个游戏除了帮助麦戈尼格尔从那起脑震荡意外中恢复过来，还帮助她解决了其他问题。当她和丈夫打算要孩子的时候，她再次玩了这个游戏的一个版本。并且当她的一对双胞胎孩子早于预产期 10 周出生时，她和丈夫通过玩这个游戏度过了在新生儿重症监护室那非常煎熬的两个月。[8]

但麦戈尼格尔并不满足于仅仅做到有众多的“超级好”玩家和成功的个案研究。她想要进一步研究“超级好”游戏本身，要么证明这个游戏可以在伤病康复过程中发挥作用，要么对其改进以做到这一点。她想要在电子游戏的世界和医药世界之间建立联系，打造能够用于治疗病痛的游戏。为了这个使命，她来到了宾夕法尼亚大学，并认识了知名科学家马丁 · 塞利格曼博士。塞利格曼是正向心理学之父。正向心理学是一门研究成就感、富足感和生活满意度的科学（与大部分聚焦心理疾病的心理学研究正好相反）。当时，塞利格曼正在研究一个有意义的生活必需元素，而麦戈尼格尔正在学习塞利格曼的研究成果。当两人最终相遇的时候，麦戈尼格尔直入主题并解释“超级好”游戏将怎样为塞利格曼的研究提供帮助。她感觉她正对“超级好”游戏做的研究，同塞利格曼对“是什么营造了一种有意义的生活”的研究成果，会朝着同一个方向演变。她告诉塞利格曼，“这简直是天缘巧合”。[9]

塞利格曼并没有反驳，相反，他动心了。他认为麦戈尼格尔的研究确实很有意思，并邀请她和自己合作。不久，他们就和宾夕法尼亚大学的研究员安 · 玛丽 · 勒普克开展合作，对作为一种治疗抑郁和焦虑手段的“超级好”游戏进行了随机对照研究。他们发现，玩这个游戏明显有助于病患减轻症状、增加幸福感与满足感。这个发现促使麦戈尼格尔在争取到美国国家卫生研究院的资助后前往俄亥俄州立大学开展了进一步的临床试验。试验发现，“超级好”游戏能改善参与者的情绪，并在病患恢复过程中缓解痛苦和焦虑。

麦戈尼格尔并没有就此结束。除设计游戏，她还将自己视作玩家群体和科学与医学研究世界之间的联络员，她感觉应尽快填平二者之间的鸿沟。我们很快会发现，诸多事业上的成功和有意义的改变背后的秘密，就在于人们能够跨越不同领域之间的鸿沟。

她解释说：“有超过 1000 项研究在尝试弄清楚带来不同效益的各

种游戏的特征方面做了扎实的工作，但这些研究都局限于学术的防火墙内。”“在这个星球上，有 12.3 亿人平均每天花一个小时玩电子游戏。他们当中有多少人会看到这些研究成果呢？”[10] 据她估计，要少于 1%。

她进一步解释说：“我尝试去做的，是确保人们能够接触到真正有实践意义的研究发现，来帮助他们过上更幸福、更健康的生活。”“超级好”游戏只是实现这一努力的工具。麦戈尼格尔清楚她还有很多的工作要做。她开玩笑说，令她更为开心的目标之一，是看到一个游戏设计员赢得了诺贝尔医学奖，哪怕不是她和她的“超级好”游戏。（麦戈尼格尔表示，要是她做评委的话，她会将这一殊荣颁给俄罗斯方块的发明者。）虽然她不太可能很快获得一枚诺贝尔奖章，但麦戈尼格尔确信，她在救助生命的善功上已经做得不亚于过去的一些诺贝尔奖得主了。确实，如今有近 100 万人用“超级好”游戏来让自己变得超级好。[11] 除此之外，她与医疗和科研人员一同合作的项目将造福更多的人。

尽管珍妮 · 麦戈尼格尔的故事起源很独特，而她的游戏肯定也是原创的，但她的创作之所以能产生如此大的影响，其背后的解释却并不独特。事实上，她利用了在关系学中相当常见的一种机会：因为她所做的工作填补了她所处并于其中经营的更大的社交网络的一个结构空缺，所以她得以为他人创造了巨大的价值。从她离开纽约到伯克利学习的那一刻起，她就走上了一条将社会科学的见解和电子游戏设计的理念加以融合并推动两个领域彼此交融的道路。通过担当跨界联通的桥梁，她为这两个领域都创造了巨大的价值。而通过学习她和其他人的做法，你也可以像他们一样。

成为掮客

因为每个个体大多数时候倾向于在紧密相依的团体或群体内部活动，所以往往在这些群体之间容易形成空缺。罗纳德·伯特是芝加哥大学的一名社会学家，也是第一个将潜藏于社交体系中的这些空缺进行理论化的人，正如他给它们打上的标签——“结构空缺”。起初，伯特并不以“群体”来称呼彼此熟悉的群组，他称呼它们为“冗群”，这样可能更贴切。当本地群体里每个人对其他人都十分熟悉后，这些关系就变得多余了，因为个体关系无法再从群组中其他成员那里获取任何附加效益。伯特写道：“用大量时间和相同的人相处往往让他们彼此相熟。”[12] 而当本地群体中的每个人都和其他人一样掌握或有办法获悉同样的信息时，类似这样的关系就是多余的。正如我们所看到的，在这样的群体里，信息快速流动，合作行为很容易产生，但缺陷是，信息往往局限于群体之中，外部的信息难以进来。

与之相反，“一个结构空缺，”伯特写道，“是两个联络人之间并不多余的一种关系。这个空缺就是一个缓冲区，就像一段电路中的一个绝缘体。”[13] 这并不是说那些身处群体之中的人——那些多余的关系——没有意识到其他人的存在（虽然他们确实容易忽略自己群体之外的人）。更有可能的是，他们知道有其他群体，但群体之间缺乏有效沟通。他们的注意力在自己群体内部的活动上，故而缺乏与其他群体沟通的动力。正因如此，他们既缺乏获取新信息的途径，也没有渠道和其他群体的人分享他们的信息。伯特断言，准确地说，在理论上，群体之间的空缺蕴藏着巨大的信息机遇，而那些进入这一空间的人就有能力利用这一优势。的确，懂得填补结构空缺的人——他们随后会被贴上“掮客”的标签——才能掌控信息流向，并最终比那些仅待在群体舒适区中的人获得更多的权利。伯特写道：“那些有着跨越结构空缺的人际关系的人能够更早地接触到多元（通常是互相矛盾）的信息和解读，这给了他们发现好点子的竞争优势。”[14]

这正是200多年前一个名为塞阔亚的美洲原住民靠他一人之力将语言带到切罗基部落时发生的事。塞阔亚是一名银器匠，这份职业使他经常接触到美洲殖民者。[15]他学会了英语并最终学会在他的银器作品上写下他自己的名字作为签名。他还曾在1813—1814年爆发的克里克战争期间服役于美国陆军。他并没有在军队中待多长时间，但这段服役经历让他了解到，前线战士和指挥官和他们的爱人保持联系的信件是如何从前线寄出，又是如何寄回前线的。塞阔亚决定将这门书写交流的艺术带回他自己的族群中，而当时他的族人还没有书写的概念，他们将书写视为一种巫术。他花了许多年尝试，并在长时间的失败中挣扎。他借用了大量来自希腊文、拉丁文、西里尔文和阿拉伯文的字符，最终成功地为切罗基语言中的86个音节创造了一一对应的字母符号。

当他将他创造的字母表呈现给他的切罗基族人时，他们最初充满了怀疑。根据一些历史记述，他们还曾以钻研妖术的罪名审判塞阔亚。但在审判过程中，他证明了他的文字系统是很容易学会的。几周之内，上千切罗基人掌握了他的字母表。塞阔亚的字母表使得《切罗基凤凰报》的诞生成为可能，这是美洲原住民的第一份报纸——它本身就是两个群体之间的一个“掮客”，因为它以切罗基文和英文两种文字印刷。萨姆·休斯顿，一名杰出的得克萨斯州的政客，据记载曾对塞阔亚说：“你发明的字母表对你的族人的意义要远超过给他们每个人手中塞上两麻袋黄金。”[16] 这个字母表今天还在使用，并且在俄克拉何马州的塔勒阔——切罗基人的首都——随处可见。在那里，这些字母仍被用在街道指示牌上（也有英语翻译），公立学校仍开设使用切罗基文的课程。塞阔亚的创举是人类历史上为数不多的由一个来自无文字社会的单独的个人发展出一套原始书写系统的案例之一。而且，如果塞阔亚不曾作为早期美洲殖民社会和切罗基族群之间的一个掮客，这一切绝不可能发生。

研究表明，在现代社会，跨越群体之间结构空缺的掮客，即使他们没有发明新的语言或者创造可以治愈病患的游戏，也在从事着更有效率和更有回报的职业。在一项研究中，罗纳德·伯特证明了在群与群之间担任掮客角色的人往往能够获得更高的报酬，更频繁地被提拔，并最有希望提出创造性的新思路。伯特调查了一家大型电子器件公司负责整个企业供应链的 673 名管理人员。所有管理人员都被问及对提升供应链运作效率有何想法：“在你看来，你会改变哪一点以改善（整个公司的）供应链管理？”[17] 这个简单的问题引出了 455 个方案。这群管理者还被问及是否同他人交流过自己的想法。随后，他们被要求说出那些通常与其讨论供应链问题的人。他们还被问及彼此相识了多长时间，以及他们之间的关系有多紧密。依据回答，伯特画出了一张非正式关系的粗略图，标注了谁和谁交谈过，以及谁拥有高于平均数的、更多元的联系。

接下来，伯特开始收集最高管理层的评判意见。他询问了公司里的两名高级管理人员，这两位在运营供应链方面都有着丰富的经验，由他们依据对建议实施后将产生的效益的预判来评估每一个方案的价值。因为伯特和该企业合作密切，他还获得了员工的薪资数据、业绩评估、晋升履历和每位管理者的职位任期的信息。当他拿到所有这些数据并将它们与关系网图相比较后，他发现掮客，即那些同该组织内其他群体或团体的成员交流想法的人，显然更有可能提出更具价值的改善方案。或者，正如他写的："站在一个社交体系中靠近结构空缺的人，会面临冒出好点子的更高'风险'。"[18] 而且，公司关系网中的掮客更有可能获得更高的薪水，得到积极的业绩评价和升职机会。无疑，那些既有获取多元信息的渠道又具备整合信息能力的人，不仅能给所在机构，也能给他们自己带来好处。

伯特的结构空缺理论的有效性一次又一次地被其他各领域的研究人员证实。但所有这些研究都在问一个重要的问题：怎样才能成为一个掮客？在伯特首次提出他的结构空缺理论 20 年后，研究人员亚当·克雷恩鲍姆找到了一个答案。

克雷恩鲍姆是达特茅斯学院塔克商学院的教授，他在一个大型信息技术公司内部做了一项研究。[19] 和伯特一样，克雷恩鲍姆首先招募了参与研究的企业雇员并调查了他们的联系人。和伯特不同的是，克雷恩鲍姆并没有要求他们列出一些联系人，他做得更好，他直接获取了这些雇员的邮件。

几十年来，关系学研究往往倚重的是书面调查，要求被试列出他们的熟人并汇报他们和这些人之间属于何种类型的关系。事实上，伯特自己的研究通常也是这么做的。但在企业普遍使用电子邮件之后，调查方法迎来了一次重大升级。现在像克雷恩鲍姆这样的研究人员已经基本上能够实时追踪各联系人之间的通信以获得高质量的数据，而不再依赖被试的记忆。

克雷恩鲍姆从这些志愿者那里收集了三个月的邮件往来记录，邮件竟涉及公司内部多达 30262 人（尽管他并没有披露公司的名字，但仅从关系网的规模就可以理解为什么他选择“大公司”作为化名）。克雷恩鲍姆把数据中所有的群发邮件和秘密抄送件都剔除出去，仅仅关注雇员之间有特定对象的寄件和收件。基于上述数据样本，他建构出了这个公司的一个大致关系图。

克雷恩鲍姆也从每个志愿参加实验的雇员样本身上收集人力资源数据。其中包括雇员的人口学资料，例如性别，还有他们的工资水平和在一段长达 77 个月的时间内的职场晋升轨迹，涉及他们所属的部门、岗位性质和工作地点。当他最终看到这个完整的图片时，克雷恩鲍姆发现了一些出乎意料的东西。那些最有可能成为掮客并跨越结构空缺发展关系的人，其实是被他称为“人岗错位”的人。这些“错位”的职员有着不寻常的职业发展路径，他们在不同的业务部门轮转，填补到不同工作性质的岗位中，而非像大多数雇员一样追求缓慢而稳定的进阶之路。他写道：“一个行为人跨部门的职业经历越丰富，这个行为人从事鲜有人介入的跨领域交流的可能性就越高。”[20]

直观地看，这个发现是讲得通的。也就是说，如果你的职业道路引你穿行于一个组织中的不同机构，而你保持了（这期间形成的）关系的活力，那么比起你仅在这个组织结构中的同一个分支上攀爬，你会有更大的可能拥有一个多样化的关系基础。然而，这个发现与大多数我们关于如何在一个公司或行业内部成就一番事业的传统看法相左。我们被教育说——当然也往往这样告诉其他人——要努力工作，埋头苦干，并且只需要留意顺着既定的晋升渠道向上爬就行。但合起来看，有关结构空缺的研究表明，从一架梯子跳到另一架梯子是一种更为有效的战略，而组织中的平调甚至是下调从长远看都更有前途，因为这都是发展新的多样化的关系的机会。与之相反，传统的建议可能事实上使回报递减，因为越来越多的新关系被证明是多余的。

除非是员工个人的职业选择，由公司主推的一种“上调或外调”的职工培养规划可能会在无意间给他们造成伤害。让每个人将注意力放在“稳定的发展”上，无助于创造企业所需的用以创新和生存的结构空缺。并且有些时候，当企业的生存受到威胁，唯一可以挽救它的策略是采取措施培养新的掮客。这正是斯坦利 · 麦克里斯特尔将军在巴格达指挥一支有着巨大且几乎无法填补的结构空缺的军事组织时发现的。

填补结构空缺

2003 年，斯坦利 · 麦克里斯特尔将军接过美国联合特种作战部队的指挥权，他迅速意识到传统的战争策略在多大程度上造成了伊拉克战场上的不利局面，而军队体制又在多大程度上应当对此负责。受命执掌一支包括陆军游骑兵、空军三角洲特种部队和海军海豹突击队在内的跨军种联合部队，使麦克里斯特尔有机会看清美国武装力量体系中不同军种分支之间存在的诸多结构空缺。麦克里斯特尔回忆说："军种之间有意义的联系根本不存在。"[21] 每支部队都很擅长应对他们有过针对性训练的战争任务，但对打击基地组织伊拉克分支的这场艰苦战斗他们却没有经验可循。基地组织伊拉克分支是一个流动的、不断变化的战斗人员体系，而美国各军种间沟通机制的失败给它提供了巨大的机遇。基地组织伊拉克分支利用了美国武装力量内部的体系漏洞，利用了每支部队之间的信息差，在抗击有着更先进的装备和更训练有素的敌人的过程中不仅存活下来，而且不断壮大。"对每支部队而言，真正重要的战场只有落在官方划定的属于他们责任田里的那些，"麦克里斯特尔写道，"他们过去只是在自己的一亩三分地上进行战斗。"[22]

在他执掌这支特种作战部队之后不久就发生了一起由这种割裂造成的严重的事件。麦克里斯特尔当时正在检视位于巴格达国际机场的美军基地内的一处情报设施，在一处仓库的大门后，他发现了一大堆粗麻袋和塑料袋。他产生了疑惑，随后得知这堆袋子里装的满是特种部队和海豹突击队在作战任务中缴获并送回基地的证物。战斗部队匆忙地将他们发现的任何证物装进他们能找到的随便什么袋子中，仅打上一些小标签，有时甚至就只写个"把它寄回去"的纸条，然后把这些袋子投入随便什么运输工具就给弄回基地来。数小时后，这些证物包就会到达基地，上面的标签往往已经散落一地。情报部门于是不得不开始破解这些谜一样的证物，而且还要费力还原证物之所以会被决定寄给他们的原因。麦克里斯特尔解释说："行动人员（任务小队）

对自己的角色门儿清，但对情报分析的基本知识却是门外汉，他们不能预见什么样的解释是有意义的，什么样的情境是相关的，或者哪些证物必须立即送回，而哪些可以等等再说。”

战斗部队和情报部门之间的物理距离以及联系的疏离导致很多信息在传递转译的过程中丢失了。麦克里斯特尔写道：“他们本身并不认识情报分析员，并且认为这些工作离自己很远，也不属于自己的职责范围。”[23] 正因如此，许多证物被丢弃在那个供给仓库中积灰。

麦克里斯特尔马上意识到他有工作要做了。他写道：“那些没打开的证物包裹是一个更大问题的症候。”[24] 当他俯瞰眼下由他领导的这支部队时，他清楚，众多作战单位任务完成得相当漂亮，但身处一个需要相互依靠的环境，面对一群紧密协作的敌人，它们却各自为战。就在那个晚上，麦克里斯特尔和他的下属根据实际情况画了一个军队组织结构图，并试图找出造成问题的结构空缺。他们将这些结构空缺都标记为“闪烁”的点，结果整张图上到处都是闪烁点。这说明特种作战部队下属的军事单位之间几乎没有任何横向联系。哪怕他们驻扎于同一处基地，大多数部队也只和自己所属的分支待在一起，在不同的区域居住和训练，甚至使用不同的健身设施。麦克里斯特尔注意到，“位于特种作战部队和兄弟单位之间的闪烁点更加密集”。[25] 尽管特种部队依赖中央情报局、国家安全局和联邦调查局提供的情报，但它与这些机构之间的关系很脆弱。同样，在特战部队和它需要与之协作的其他军事单位之间也存在着巨大的信息缺口。

“我们需要海豹突击队信任陆军特种部队，需要陆军特种部队信任中央情报局，”麦克里斯特尔写道，“我们不是要特战部队的每个人都要认得其他部队的人，我们只是需要他们多少认识几个其他作战单位的人。”[26]换言之，麦克里斯特尔需要找到一个解决办法来填补整个美军体系中的结构空缺，或者至少要把在他领导之下的各军事单元整合到一起。他并不必然要将整个特战部队变成一个巨大的关系群，但他确实需要想办法确保每支部队或战斗团体中至少有一个人与其他战斗部队成员之间建立了联系，并且他需要让每支他所倚重的部队达到上述要求。用麦克里斯特尔的话说，“我们需要创建一支队伍中的队伍”。[27]用罗纳德·伯特的话说，特战队首先需要培养联络员。

麦克里斯特尔首先采取的措施就是更新或重新启用那些已部署到位的联络员。每个军事单位和情报机构都已安排有一名联络官。按照规定，这些联络官应成为沟通各作战单位的中间人。然而，现实是，这些岗位通常由那些不能很好融入其原先所属部队或那些行将退役的士兵担任。换句话说，联络官的职位被简单看成一种对即将退出军队系统或不适合执行行动的军士的安置机制，类似亚当·克雷恩鲍姆所说的“人岗错位”。很少有人会将联络官岗位看作是一个香饽饽。这带来的结果是，军队之间的信任度不高，情报共享较差。许多时候，担任联络官的军士只是将这一职位看作书记员，只需要坐在会议桌旁，誊写记录，然后以报告形式提出反馈。甚至有时候，他们会被当作不受欢迎的间谍。说到底，没有人真正认识到联络官对整个战场局势的价值。

但麦克里斯特尔知道，这个岗位对于他要建设的通信渠道至关重要。于是他开始改变大家对联络官的看法。为了做到这一点，他开始把最好的士兵安排到联络官的岗位上。他将他们从前线撤下来，让他们脱下军服换上西装，把他们派到他需要建立密切联系的大使馆和情报机构当中。起初，变化不大。许多人抱怨这个把最好和最聪明的士兵从前线撤换下来的主意，而大多数接收机构并没有因为会议室后面坐着几个新面孔就有所改变。但一段时间后，这些士官的能力和态度使他们逐渐赢得所在机构的信任。

麦克里斯特尔最具争议的行动，至少在刚开始的时候，可能就是所谓的嵌入计划。它的运行机制类似于军队行动人员的一个交换项目。麦克里斯特尔会把海豹突击队的某些军士安排到陆军特种作战部队中。这种想法最初遇到了很多阻力，大部分反对者会以军队的训练和作战模式不同为借口——它们的差异是如此巨大，很可能会成为拖累。最开始，这种说法可能是对的。但一段时间后，送去交换的士兵适应了所嵌入单位的部队文化和行事传统。他们建立起积极的关系，并且获得了只有从机构内部才能了解到的对战场全局的独特见解。当他们回到派出单位后，他们的经历和视野会迅速对队伍中的同僚产生影响。同样地，接收那些交换士兵的部队也会将他们视作其派出机构的全权代表。随着时间的推移，各军事单位之间的关系得到了极大的提升，这使它们在并肩作战时表现得更加令人印象深刻。“信任的纽带开始形成，”麦克里斯特尔解释说，“来自不同作战单位的士兵开始越来越多地见到熟悉的面孔。即便目前还是陌生人，但扩展开来看，他们也是一支熟悉而备受信任的友军的一分子。”[28]

通过培养和训练这些联络官，以及给军事体系的漏洞打上补丁，特战部队拥有了战胜基地组织所需的能力和灵活性。战争局势开始转变，麦克里斯特尔的新策略带领他们迅速逼近胜利。“要打败一个组织，我们必须成为一个组织，”麦克里斯特尔后来写道，“我们必须变成一支队伍中的队伍。”[29]

像珍妮·麦戈尼格尔、塞阔亚和联合特种作战部队的联络官这样能够填补体系漏洞的掮客，在为他们服务的机构创造巨大价值的同时，也给自己的发展带来了好处。相比于许多人认为的，要想在职场中平步青云需要逢迎和适应职场的等级晋升机制，这听起来有些违反直觉。但事实上，活跃于各群体之间并借此将它们互相联系在一起，不仅能让掮客本人，也能让他们所服务的机构获得巨大的好处。

从理论到实践

这项关于结构空缺的研究传递出一个明确的信息：把两个无关的群体联系起来会产生巨大的价值。你可能并不总是能够马上看出其中的价值，但当你成为填补结构空缺的那个掮客，你就有更大的概率发现真正的机遇。考虑到这个角色的重要性，首先弄清楚你目前是否就是你所属团队的掮客就显得至关重要了，如果不是你，那么谁正在扮演掮客的角色？[30] 以下列出的是一种快速鉴别你是否是一名掮客以及谁是你所在团队的掮客的方法：

1. 请在一张空白纸上画三条垂直线，将纸张分成三栏。
2. 在左侧那栏，列出对你的职业有着最大影响的 10~25 个人（向你介绍工作机会、提供指导或建议、在重要的项目上给予帮助等）。

3. 在中间那栏，对应左侧栏中每个人的姓名，写出那个向你介绍他 / 她的人，也就是帮你认识这个有影响力的人的朋友。
4. 在右侧那栏，写下你还将左侧栏的人介绍给了谁。如果你没有将他们介绍给任何人，就让它空着。

认真检视这三个栏目，将注意力放在那些重复出现的名字上。如果一个人的名字反复出现了几次，那么这个人很可能就是你所在团队中一个重要的掮客——帮助填补关键的结构空缺并向你介绍那些正常情况下你不可能结识的人。如果你右边栏基本是空的，说明你目前还不算是一名掮客。但你很幸运，现在有了这样一张图，你就知道在你的生活和工作中有哪些重要的关系是你可以着手介绍给其他人的。

在线练习

如果你已经总结出自己需要朝着成为一名掮客的方向进一步努力，那么这里有一些社交媒体服务可以给你提供帮助。最常见的办法是找出共同的朋友。几乎所有的在线社交服务都能帮你了解到你和你的每个朋友之间有哪些共同的联络人。若你是在两个本已相识的人中间牵线搭桥，那你并不算是真正在填补一个结构空缺。不过在你行动之前，你可以轻松地通过查看联系人简介来厘清状况并予以验证。

更重要的是，如果你在利用你的社交媒体档案来编辑你的名单，你也会留意到“哪些人之间是不存在联系”的规律。你甚至可能因此发现需要填补的第一个结构空缺。

完成这项练习要用到的模板，请访问 http://davidburkus.com/resources/，寻找“人际关系资源”并下载。

第四章

找到属于你自己的“谷仓”

尽管有众多的现代商业文学对谷仓效应带来的风险发出了警告，但真相本身要复杂得多。研究表明，变得太过封闭确实会对工作和自己的职业生涯造成损害，但同时，不够聚焦也可能会对发展产生不利的影响。那些叱咤风云的成功人士懂得他们需要和同样成功的、能够帮助他们的事业和成长的人打成一片，但同时，他们不能将所有的时间花在这种小圈子中。他们灵活地应对自己的小圈子，同时又不断接触着圈子外更广阔的世界。

1291 年，意大利威尼斯的居民已经开始厌烦他们的玻璃器皿匠人，[1] 虽然他们对玻璃产品的热情还未退去。烧制玻璃是一种独特而美丽的产品，一诞生便迅速成为玻璃器皿匠人的一个重要收入来源和这座城市的骄傲。而威尼斯坐落于几大贸易路线交会的枢纽，这种地理优势使它能够将产出的玻璃制品销往全世界，由此更增加了玻璃工艺为这座城市带来的税收和名望。问题在于，玻璃制造是一门相当危险的技术。要为玻璃工艺品建模和塑形，这些熟练的工匠需要将他们的熔炉保持在1000华氏度（约538摄氏度）左右的高温。这通常不成问题——除非你的熔炉安装在一栋木质结构的建筑里，而这栋建筑又位于几条水道交汇的木制建筑群中。所以，尽管威尼斯人自豪于这些匠人的手艺，但对这种手艺带来的越来越多的焚毁事件感到厌烦。

最终，既想享受玻璃制品带来的收入和荣耀，又不愿承受城区失火的风险，市政府将这批玻璃艺匠赶了出去，迫使他们横穿威尼斯潟湖，搬到大小相当于一个小街区的由一连串小岛组成的穆拉诺岛上。总之，匠人们被迫挤进一个小的孤立环境之中——水道将他们和城市的其他部分隔离开来，使他们形成一个紧簇的群体。他们仍然可以接触到城市里其他社区的人，但地理的隔绝使这种接触变得少多了。

到目前为止，我们所发现的关于群体的一切证明，这对威尼斯的玻璃工艺匠人而言本应算是一次重大打击。对弱关系和结构空缺的重要性的研究，强调了在社区、部门或群体之间建立沟通的渠道对催生创新性的想法和创造价值有多么重要。在现代文学，特别是商业文学中，充满了这样的忠告：应避免在业务和行业中"谷仓"带来的破坏性影响。

2014年4月，美国通用汽车公司新任首席执行官玛丽·芭拉出席了一场美国国会监督委员会关于召回80万辆汽车以及引发这起召回事件的点火开关故障的听证会，她对相关情况做了说明。[2]这个技术故障产生的原因是点火开关内置弹力装置弹性不足，当车钥匙处于点火位置的时候，对其施加轻微的力量，哪怕是不小心触碰了一下，都足以使汽车由"发动"挡调整至"ACC"挡（即接通附件电源开关），这意味着像安全气囊这样的安全保障措施在发生事故时可能失灵。这一故障已导致 100 多人丧生，其中多数是青少年，因为他们通常会选择安装了这种点火装置的相对廉价的车型作为人生的第一辆自有车。[3]

“这起事件中存在信息孤岛，”芭拉在她的证词中表示，“有员工掌握零星的信息，但他们并没有将了解到的情况提出来或者没有表现出一种紧迫感，这是完全不能接受的。”[4] 芭拉也是直到 2014 年 1 月就职之后才被告知相关情况。但通用汽车公司的职员早在 10 年前就已经通过这样或那样的方式发现了这一问题。也就是说，早在 2002 年的时候，通用汽车公司的工程师就已经意识到点火装置存在问题。但钻研点火系统的工程师和负责研制安全气囊的工程师并不是同一批人。负责点火系统的那帮人不知道这样一起故障会导致安全气囊无法打开。在他们那个小的、自我封闭的“谷仓”中，他们只是简单地将其视作一个与安全无关的问题，因此并未将它列为亟待解决的优先事项。

通用汽车公司的错误在工作中并不鲜见。在 2001 年“9 · 11”恐怖袭击发生之后，调查人员试图找出美国庞大的情报服务网络没能及时对基地组织的威胁做出评估和反应的原因。他们发现这起恐怖袭击本可以被阻止，但情报部门之间信息不共享导致威胁没能被察觉。[5]“9 · 11”事件发生的两年前，美国联邦调查局就曾对两名劫机犯哈立德 · 米扎尔和纳瓦克 · 哈姆齐展开监视，这是在加利福尼亚州持续的反恐调查中所采取措施的一部分。与此同时，美国中央情报局获知了这两人和恐怖组织之间的联系。

但中央情报局从未将这一信息与联邦调查局分享。如果当时做到了信息共享，随后追踪两人至圣迭戈，正如他们计划和筹备的那样，这本应是破坏他们的计划并阻止这起恐袭的最好机会。不过，不能完全把不共享情报的责任推到中央情报局身上。调查人员还发现，美国国家安全局早已截获两人之间的通信，并鉴于通信中含有极端主义内容而对两人进行了特殊标记。换句话说，如果联邦调查局、中央情报局和国家安全局不是那么封闭——如果当时有一个更好的体制能够填补各机构之间的结构空缺——那么这起恐怖袭击事件本是可以被阻止的。

鉴于上述事例，结合我们所知的关于结构空缺的重要性，让人不禁回头去看威尼斯市政府强制搬迁这件事，并得出被隔离的玻璃工匠在穆拉诺将遭受痛苦的推测。

但推测的事并没有发生。

相反，玻璃制作工艺在它的新家开始走向兴盛。虽然玻璃器皿匠人在技术上互为竞争对手，但他们独特的行业状况（以及他们家庭之间相互通婚的趋势）使他们彼此得以共享信息和想法，技艺精进、创意泉涌。技术上的创新变得频繁，有创意的艺术品的数量呈现出爆炸性的增长。

正是在穆拉诺岛上，玻璃器皿匠人探索出制作光学上透明玻璃的工艺，以及生产带有金丝裂纹的玻璃制品的手法。也是在穆拉诺岛上，玻璃器皿匠人掌握了制作水晶吊灯和玻璃制假宝石的技法。穆拉诺，广义上讲是威尼斯，迅速垄断了玻璃工艺品制造业，因为穆拉诺玻璃工艺品在全欧洲成了身份的象征。玻璃器皿匠人本身的地位也随之上升，成为 城市中最高贵的公民，或把女儿嫁给城市贵族。穆拉诺岛甚至成了远近闻名的玻璃岛。

而这种现象并不只发生在穆拉诺岛上。相对应每起因谷仓效应造成破坏性和隔离性影响的案例，都有一起案例说明，在一个社交网络中，小团体是如何帮助释放创造力或使每个个体和团队变得更有效率和更高产的。

1921 年，欧内斯特 · 海明威抵达巴黎，他的行李箱中装的全是来自他的朋友和合作者舍伍德 · 安德森的信件。[6] 这些信不是写给海明威让他在旅途中读的，而是写给生活在这座城市的杰出作家们的介绍信。安德森使海明威相信，巴黎将是一个有助于提升他写作技巧的好地方，为此他需要加入生活在这座城市的艺术家和作家的“俱乐部”。正是通过安德森，海明威结识了格特鲁德 · 施泰因，通过施泰因，海明威开始和像埃茨拉 · 庞德、詹姆斯 · 乔伊斯这样的作家以及巴勃罗 · 毕加索这样的艺术家交往。

施泰因为这些旅居国外的创作者举办沙龙，给他们提供了一个聚会、社交、讨论作品的地方。在海明威动身前往巴黎之前，他已经显现出成为一个天才作家的潜力，只不过大多数时候是给杂志和报纸投稿。正是在巴黎期间，他找到了帮助他提升写作技巧的志同道合的朋友和导师。通过这种独特的社交聚会，他还为自己的小说找到了出版商。要是没有施泰因的沙龙，海明威的作品可能只能待在尘封的杂志中，而非进入几乎每所高校的英语课堂上。

让我们把目光从施泰因的沙龙转向被 10 年光阴和英吉利海峡隔开的另一群著名的作家。[7] 在英国作家 C.S. 刘易斯和 J. R. R. 托尔金的写作生涯中，对他们最具影响的活动之一就是加入了一个名为“淡墨会”的作家读书会。除了刘易斯和托尔金，这个团体中还包括像查尔斯·威廉姆斯和欧文·巴菲尔德这样的作家和诗人（刘易斯的《纳尼亚传奇》中有几本书被赠给了巴菲尔德的孩子）。这种聚会相当随意，许多成员只是偶尔参加几次活动。活动通常安排在周四晚上，要么是在刘易斯位于牛津大学的办公室，要么是在当地一家名为“老鹰与小孩”的酒吧（当地人称呼这个酒吧为“小鸟与宝贝”）。

这些作家会在一起讨论写作灵感和创作效果，会阅读小说或诗集的初稿，并彼此分享感受。聚会的目的不是一起创作什么——他们所有的创作几乎都是独立完成的——也不是炫耀已经成稿的作品，而是彼此提供和接收反馈，结识志同道合的人，共享建议和灵感，使彼此的作品变得更好。正是通过这个读书会，刘易斯和托尔金建立起深厚的友谊，这段友谊在 20 世纪 40 年代后期读书会解散之后仍然延续了下来。据说，正是刘易斯和托尔金的争论，才让托尔金一直在创作并在聚会上分享的手稿最终得以出版。要是没有刘易斯和这个读书会，托尔金可能永远不会出版《指环王》。

所以，尽管现代有关商业和职场的文学作品往往对组织谷仓持批判态度，但不可否认的是，当大家组成一个工作组——不管是在一个地方的一个集群、一个部门，或是一个小组，像“淡墨会”，专心投入单个项目——往往会做得更好并且只需要较少的监督。组织谷仓使队友和同事对彼此负责并能高效地沟通。事实上，社会学家在奋力平衡“组织谷仓已知的正面效应和填补结构空缺的掮客所能产生的确然的积极影响”方面已经有一段时间了。群体和团队对创造力和生产力而言确实重要，但一旦团体之间变得太过疏离，对团队中的个人和整个组织而言都将是有害的。

所以你应怎样判断该加入哪些团队、忽略哪些团队呢？答案可能有点令人吃惊。研究表明，秘密并不在于搞清应该加入哪些团队或忽视哪些团队，而在于投入的时间，你要清楚何时该抽身离开。

何时投身团队，何时抽身

从人际关系学的角度看，“群体”最有意思的一点是它们真的本不该存在。这可能有点言过其实了，但自从社会学家开始在人际关系研究中运用数学和统计学的工具，他们一再发现，社交网络，即人的网络，而不是电路或者由点和线构成的数学模型，呈现出较高水平的传导性。[8]“传导性”对于解释“如果 A 认识 B，B 认识 C，那么 A 和 C 就很有可能彼此相识”的推理而言，是个有些奢侈的词。传导性会引发聚集，将人们聚合到彼此的身边。尽管有些时候，关系模型中人际传导和聚集的发生是随机事件，但仅从偶然性的角度出发不足以解释社交网络中聚集发生的高频率。[9]

换言之，人类似乎有聚集的冲动，即使这对他们不好。但这是否意味着它总是坏的呢？

不管我们现在对组织谷仓和群体的看法是怎样的，最近的研究表明，我们需要一定程度的聚集和组织壁垒来帮助散播信息和机会。宾夕法尼亚大学教授和该校的人际关系动态演变研究小组的负责人达蒙·森托拉发现，相当违反常理的是，打破所有组织间的壁垒反而可能在一定数量的人群中降低知识的传播速度，而非加快其扩散。[10] 一定程度的聚集事实上更有利于最佳的实践经验、复杂的想法和有关新机会的信息在关系网络中扩散。

森托拉利用一个计算模型来推演观念和实践的传播情况，得以区别关系网络中不同的行为者对那些与他们有着相似特点的人的情感关系水平。简单来说，他用这套计算模型来对不同的关系进行推演，因为每个人对类己的人有不同程度的依恋，所以反映在关系上便会随之呈现出不同情况的聚集。

他发现，虽然降解组织壁垒有助于观念的扩散，但超过一定限度，这种相关性就消失了。当组织壁垒和团体被完全移除，关系网络中的行为者就几乎丧失了对其他人的影响力，整个网络随之变为几近陌生人的集合，因此观念和信息就停止了流动。“存在这样一种观点，即人们越多地同陌生人互动，新的观念和信仰就会扩散得越广。”森托拉就他的研究发现写道，“这个研究表明，实际上，保留一定的组织壁垒是使复杂的观念被多种类型的人群接受所必需的。”[11] 森托拉的发现是对威尼斯玻璃器皿匠人的遭遇以及在巴黎和牛津寻找能够影响彼此的趣味相投的作家的经历的佐证。与此同时，他的发现也呼应了罗纳德·伯特在他的结构空缺理论中提出的警告：过于将自己局限于一个团体之中也是有害的。

事实上，2016 年的时候，当伯特在找寻如何利用谷仓效应来最大化收益和最小化危害的正确方法时，他自己也遇到过一个类似的问题。伯特与图兰大学管理学教授詹妮弗·梅卢齐合作，寻找如何利用组织谷仓和结构空缺理论积极效应的最佳方式。[12] 在伯特早年和一家大型投资银行的合作中，他收集了该银行350名顶级银行家的信息。就这种类型的研究而言，投资银行绝对是一个理想的数据来源，因为银行家们通常以团队合作的形式开展需要谨慎以对的项目，项目一旦结束，团队随即解散。一些人会马上投入下一个项目团队，而另一些人则选择等待，当然还有一部分人在等待下一个完美任务的同时以兼职的身份工作或是担任顾问。

但最终，所有人都会加入一个新的项目团队中。换句话说，有些银行家一直待在小团队里，项目一结束就马上转投另一个团队，而另外一些人会在团队工作（项目团队）和掮客事务（为进入新团队和接手新项目而在不同的部门间经营关系）中切换。伯特能够收集到所有350名银行家的数据，包括谁在用哪一种策略、绩效评估结果、奖励和工资等。

通过这些数据，伯特和梅卢齐比较了哪种所谓的“后项目战略”是最有效的。他们发现，那些在不同的项目团队间流转并居间建立联系的银行家获得了最多的回报。这些银行家投身项目团队的工作，但并没有在项目结束后立马转投另一个团队，而是在整个大的组织中建立联系。因此，相比囿于项目团队的同事，他们有着更广泛的人脉和更多的机遇。这些掮客“往往比那些只和有着同样的知识的同一拨人交流的同事要表现得更好”，梅卢齐说，“这些掮客获得了更有价值的社交资本。”[13] 这种社交资本也能够转化为金融资本。虽然当他们不从属于某个业务团队时，他们的绩效评估相对不那么好看，但从长期来看，这些摇摆于组织内各部门间的银行家在奖金和工资方面的回报要多得多。

伯特和梅卢奇的研究聚焦于一个组织内个体的职业生涯，但他们的发现与近 20 年前一项针对整个行业所做的类似调研的成果相呼应。当社会学家布莱恩 · 乌西还是一名博士研究生的时候（他现在已经是西北大学凯洛格管理学院的一名全职教授），他决定对与他的生活相当贴近的服装行业的关系网络展开研究。当乌西的家人从意大利移民到美国后，他们在当地的服装行业建立了关系网，而乌西想要进一步研究这一现象。他调查了纽约市的服装行业，他首先基于国际妇女服装工会提供的公司信息和交易记录搭建了一个网络，纽约市超过 80% 的服装公司工人都隶属于这个工会。[14] 接着，他采访了网络中的 23 家公司，通常每家公司他都会采访好几个管理者。他总共整理出长达 117 个小时的对不同服装企业商业实践的采访记录。他还收集了该行业企业的“存活率”数据。

他发现，纽约的服装行业是一个非常庞大的关系网，并且这个关系网中的每家企业都以不同的方式管理它们的关系。正如伯特和梅卢奇在他们的研究中发现的那样，不同的人有不同的风格。也就是说，有些人相对封闭些，而有些人要更开放。有些公司和公司的领导层只和一个小圈子中信得过的企业做生意，这就是乌西标记的“紧密关系”。另外有些公司选择了更多样的合作伙伴来做小笔生意，并保持着纯粹的事务性合作关系，乌西将这类公司标记为“保持距离型关系”。而大部分企业介于二者之间。正如森托拉在他的研究中发现了人类对群体存在需求，乌西发现拥有紧密关系的公司在行业中有更高的存活率——群体和小圈子似乎的确有用。

但这只是在一定程度上。

最终，过于依赖小团体、太拘泥于和仅有的几家公司合作的模式，对企业的生存还是产生了不利的影响。乌西的研究揭示出，最成功的企业的领导者懂得在“紧密关系”和“保持距离”之间找到恰到好处的平衡——他们在现实世界的关系和森托拉建立的模型相似。这些企业站在一个能从各种关系中选出最优选项的位置。它们有可以进行深度合作的行业“同盟”，彼此共享商业经验，从中学习、成长；但它们同样有一批这样的合作企业（我们称之为企业的“弱关系”），通过这些企业，它们得以审视整个行业环境，并且相比于它们紧密依存的同行能看到更多的机会。

总之，这项研究讲述了一个关于组织谷仓和群体的非常不同的故事。人际关系有传导性的倾向是有缘由的，即我们被群体吸引的本能。有组织归属对我们和我们的成长是有益的。诀窍在于要确保我们自身不会太过局限于一个小团体之中而忽视了由结构空缺带来的机遇。与此同时，我们需要意识到，追求成为组织间掮客的职业目标并不会使我们失去组织归属。要掌握这一诀窍不是一件容易的事情。在许多行业中，紧密合作的企业共同体和保持距离的商业关系之间的业态平衡已经形成。如果这正是你所处行业的情况，那么你或许不得不考虑自己的解决方案了。

如果你找不到组织，那就创建一个组织

格特鲁德·施泰因举办的沙龙不仅给了欧内斯特·海明威创作的灵感并帮助他取得长足进步，而且在近一个世纪之后，他的沙龙仍然

激励着人们去寻找自己的组织。[15] 埃利奥特·比斯诺、布雷特·列韦、杰里米·施瓦茨和杰夫·罗森塔尔的四人组就是这样一个小团体。在2008 年的时候，他们四个以及之前学院的同学都在企业担任高管或者正在创业。尽管作为快乐的创业者他们很开心，但他们想要扩展圈子，结识其他经营着有趣公司的企业家。为了实现这一目标，他们策划了一场滑雪旅行并且租下了够 20 个人活动的一栋大房子。然后他们开始联系人。他们列了一张理想的旅友清单，并逐一给那些能启发他们的年轻企业家打电话、寄邮件，有的也通过社交媒体交流。

这招奏效了。来的人填满了位于犹他州帕克城的这栋房子，他们中有脸书的首位首席技术官达斯汀·莫斯科维茨和汤姆布鞋的创始人布莱克·麦考斯这样的企业家，也有“慈善之水”的斯科特·哈里森这样的环保人士和戴维·迈耶·罗斯柴尔德这样的探险家，后者是为数不多的南北极都去过的人之一。四位组织者下定决心，不能使这场以滑雪为噱头的旅行变成一辈子仅有一次的机会。他们需要再将这群人集合到一起，并且要进一步扩大这个群体，所以几个月之后他们又筹划了一场后续活动。他们要求原先参加过活动的每个宾客再邀请两个朋友。

随着出席嘉宾人数的增多，以及名单中出现越来越多的大人物，活动的声势起来了。他们给自己筹办的活动取名“巅峰系列”，并对活动的宗旨做了简要介绍。罗森塔尔曾这样形容：“（我们要做的）是将人们聚在一起从事创新活动，不论他们来自哪个行业，亦不论他们的个人或职业成就，只要是我们想要与之共度时光的、体贴的、思想开放的、善良的人就可以。”[16] 当然，该项活动之所以声名大噪，部分原因在于参与活动的那些名流。但“巅峰系列”能够迅速地吸引到事业有成的人士，部分原因在于这样一个简单的事实：当时没有其他能为成功人士提供结交机会的场所。事实上，他们四人创建了一个许多企业家都在寻找的社群。

彼得·蒂尔，一位风险投资人和连续创业者（贝宝公司的联合创始人和最早投资脸书的人之一），曾这样形容这一新社群的价值：“‘巅峰系列’团队清楚，立志改变世界的天才，一旦联合起来，就能改变世界。”[17] 虽然它还是一个年轻的社群，但它已经做到了这一点。2009 年，“巅峰系列”团队获邀带着他们那群企业家出席白宫举办的一场会议，与新一届奥巴马政府的领导层以及当时科技领域初创企业的领军人物会面。“巅峰系列”团队组织的活动对几家初创企业走向成功也起到了助推作用。正是在一场“巅峰系列”活动中，Spotify（声田）公司的几位创始人结识了企业家肖恩·帕克（音乐网站 Napster 和脸书的创始人之一）。帕克帮助 Spotify 公司在美国登陆上市。[18]

2011 年，“巅峰系列”活动开始走向海外。活动组织方包租了一艘邮轮并筹划为超过 1000 名年轻企业家举办一场为期 3 天的会议。这场会议被十分形象地取名“海上峰会”，是一场知名企业家和社会名流之间的聚会，但事实上是举办活动的邮轮公司为会议提供了最大的帮助。在那次短暂的巡游中，每个人都必须从他们的日常事务中抽身出来（据报道，邮轮全程不提供无线网络服务）并聚焦于结识和帮助彼此，短暂地加入一个聚焦事业发展的陌生群体中，随后又回到自己熟悉的圈子里。这场会议几乎是伯特和梅卢奇研究成果的真实再现，不过“巅峰系列”下一阶段的发展为我们提供了一个更为清晰的图景。

2013年4月，“巅峰系列”团队买下了一座山——位于犹他州的宝德山。[19]一个活动的参与者提出了这样一种想法：“如果‘巅峰系列’活动真像字面上体现的那样，被安排在山顶上怎么样？”这个想法引起了组织方的兴趣。在经过一番考察——这个滑雪胜地几易其主，因为投资者也是绞尽脑汁地想要开发这个景区——和游说了一些投资者加入之后，“巅峰系列”团队以4000万美元的标价买下了宝德山。这座山现在还在开发之中，“巅峰系列”团队的规划是在山上建一座小镇和一个只对会员开放的酒店。这个社区将保持在500栋房屋的小规模，并且其中大多数房屋将很有可能成为长期参与“巅峰系列”活动的会员的第二居所。但通过建造一个实体社区，“巅峰系列”组织某种程度上再现了施泰因和海明威之前的巴黎圈子：一个真实存在的供有需求的社群成员居住的地方。宝德山的存在使“巅峰系列”组织的会员得以短暂离开他们每天接触的人和事，转而和这个紧密的社群里的成员互动，随后他们又会回到日常的生活，给那里带去改变——事实上，这个地方的意义就好比海上聚会的一种延续。这个山间胜地建设项目的最终结果现在还不得而知，但这个愿景很吸引人。可能100年之后，这一现象的标志性故事就不再是关于施泰因的巴黎沙龙，而是关于宝德山的滑雪旅社。

如果说规划和建设一座小镇来举办活动过于夸张了，那么其实也可以从小处着手。比起建500幢房子和一个山巅旅社，每月一次以咖啡会友的想法怎么样？这正是蒂娜·罗斯·艾森伯格一直坚持的实践，而她的主张正凭借自身的吸引力逐渐成为一项运动。

2008年的时候，瑞士设计师艾森伯格凭借一个简单的想法建立起她自己的社群。如今她的想法已经成为一项国际性的运动，帮助数以千计的创意人士每月都能体验一次与志同道合的朋友相处带来的益处。

请允许我们从头开始。1999 年，艾森伯格迁居到纽约，在这个城市的设计行业，她没有任何工作上的或是个人的交情。[20] 这种情况没有持续多长时间。她深知有一个自己的圈子是多么重要，于是她本着平等互利的交往原则开始接触她所在行业的社群。今天，她运营着一个广受欢迎的设计类博客——“瑞士小姐”；她还管理着一款名为 TeuxDeux 的工作应用，这款应用通过设计来帮助用户合理安排重要的待办事项；她创立了塔特莉文身设计室，售卖由世界顶级设计师设计的文身产品；她还创立了两个联合办公空间；而她最令人称道的社群项目——并且也是目前她创办的规模最大的项目——是“创意早餐”。

作为一名职业设计师，艾森伯格非常幸运能够参加许多大型年度设计展演会议。当她在博客上写下自己的经历后，她发现她的很多读者都渴望能够参加这类活动，但是因为囊中羞涩，或是后勤没有保障，抑或其他的原因而与这些活动无缘。即使是那些参加过活动的人也渴望一些稍微持久的东西。“我意识到，我们中大多数的人会去参加会议是因为我们想要结识志同道合的人，”她回忆道，“但这些会议的问题在于与会者只是短暂的相识，并且一年只有这么一次机会。”[21] 艾森伯格想要创建某种定期的、本地化的交友机制。

于是她开始组织和举办一系列月度讨论，她称之为“创意早餐”。起先这只是个人的努力，一个想要将纽约城里的创意天才聚集到一起的尝试。在进行了最初的尝试和经历了刚开始的一些挫折后，她开始将活动固定在每月的一个早上举行。活动对公众免费开放，由一家赞助企业为活动中提供的咖啡和轻便早餐买单。活动的主要内容是有一名来自设计圈内的人发言，以及进行相关话题的一些讨论，仅此而已。和会议不同，这不是一个持续好几天的活动，不要求参与者拿出大把的时间。当然，为了给参与者争取一点便利，“创意早餐”在主页中加了一条内容，旨在说服企业的主管允许他们的员工在某个周五的上午迟到一会儿，让他们更从容地参加活动。

没用多长时间，“创意早餐”活动就在纽约城里流行起来。最终，活动达到了每个月有上百人参加的规模，这些参与者在这里结识了富有创造力的同行，在享受社群带来的益处的同时，成功避开了组织谷仓的消极影响——因为每个月这群人都会聚首一次，交流想法，随后又重新回到更大的行业中去。

这些短暂的聚会使参与者得以建立起介于“保持距离”和“紧密合作”之间的一种社交关系，因为他们每次都会结识一些新朋友，与此同时，也保持了定期和老伙计之间的联系——这正如乌西早先的研究所指出的，是相当重要的。

伴随这一活动在全美的普及并走向世界，“创意早餐”的组织方也开始在其他城市招募志愿者来组织当地的活动。今天，全美有 150 座城市每月举办“创意早餐”活动。作为一个全球性的社群，“创意早餐”每月会订立一个活动主题，并鼓励每座城市的会议组织者选出一位主讲人就相关主题进行发言。每个月，在这些城市中，数以千计的人会聚在一起，他们彼此交流着对当月主题的发散思考产生的各种想法。艾森伯格说：“这就像是围绕这些主题展开的一场全球性的大讨论。”[22]

艾森伯格一开始根本没想到这个活动会风靡全球。事实上，有的时候她也感觉这只不过是她和少数朋友之间每月一次的咖啡之约。但今天，她将“创意早餐”倡议当作她职业生涯中最大的成就。如今，该倡议已经成为一个全球性运动，不再是她所能控制的了。这首先要归功于活动本身为参与者提供了加入这样一个社群的机会：这个社群里的成员彼此间经常性的会面使得这种关系能够给生活带来有意义的改变，而同时它对参与者没有提出过分的要求。而这也是艾森伯格在发起倡议时正在寻找的东西。她解释说：“我所想要的是一个开放性的活动，它能为我和当地有想法的同行提供一个沟通交流的机会，能够通过一次谈话给我启发。”[23] 显然，这里的对象也包括全世界数以千计的其他活动参与者。

“巅峰系列”团队以及蒂娜·罗斯·艾森伯格无意中有了同海明威、施泰因、刘易斯、“淡墨会”，以及穆拉诺的玻璃器皿匠人一样的发现。他们都发现，身处一个小的群体之中——作为一群类似的人中的一分子——对个人的成长和发展相当重要，但同时也不能困囿其中。同样，研究也证实，根据行业和地理因素形成的社群，如果其关系网络中存在一定程度的聚集，那么参与者就能够从由此带来的更快的信息交互中获益。不过，关键在于，我们不能过于沉浸于一个群体带来的精神上的安逸，以免陷入组织谷仓之中。在深度交往和拓展人脉之间找到有意义的平衡是取得事业成功的关键。我们需要通过社群来提升本领和丰富知识，以便我们能够在人际关系中获得支持来做出改变。

从理论到实践

尽管现代商业文学中充满了对组织谷仓的警告，研究却表明，定期与一个群体的成员互动、分享、彼此学习，获得成长和发展，是成就一番事业的关键。拥有最庞大的人脉资源和事业上最有成就的人，都是懂得在不同团队中工作、历练的重要性，同时主动在不同团队之间发挥桥梁纽带作用的人。

就像帮到了海明威的格特鲁德·施泰因的巴黎沙龙，或是启发了现代企业家的“巅峰系列”，你需要加入一个你可以从中获得成长的社群。如果你还没有一个你可以与其中的成员短暂但有规律地互动的团队，那么是时候像本章中列出的这么多榜样一样开始建立你自己的团队了。下面教你该怎么做：

1. 列出一张 10~15 人的名单，名单上的人必须是你的同行或是从事类似工作、有着可以分享的经历的人。这些人可以是你已经认识的人，或者是会对普通的邀请做出回应继而成为你团队的一分子的人（如果是对陌生人或仅仅是熟人发出普通邀请，最好是在已经得到一部分人承诺会加入的前提下，这样可以确保你的团队能组织起来）。
2. 确立一套定期会面的机制。可以先从每月一次做起，当然你可以根据你团队里的人的情况对会面的频率做出调整。
3. 为你们的讨论确立一个固定的模式。这不必是一个死板的议程，但每次会议都有可以遵循的活动流程比较好，这样不会有人感觉他们的时间被浪费了。如果你不知道该从何入手，试试问这三组问题，并让群组中的每个人轮流作答：

- 你目前手头在做什么工作？你现在最关心的并且占据你主要精力的项目是什么？这能让组里的每个人对彼此最为关心的事情有一个大致的了解。
- 是什么在阻碍你前进？换句话说，这个小组如何能帮到你？可能组员们能够提供建议和获取资源的途径，帮忙介绍，或是提供其他方面的帮助。花时间讨论这个问题能保证每次会议结束时，每个人都有所收获。
- 你需要什么样的督促？我们可以做什么来帮你负责到底？每个人都有一些项目或者任务，他们清楚必须完成，但总是会时不时地忘记。加入团队的好处之一就是团队成员会在每次会面的时候提醒你检查你的任务清单是否有遗漏——这使你想不注意到它们都难。

起初的几次会面，你可能需要担当主持人的角色以确保每个人都有任务。同样，你可能会发现，你问的问题需要不断修改，或者整个会面的安排需要调整。这都是小事。重要的是你在这个过程中找到并建立起一个能助你成长和学会担当的团队。如果你能为你的组织想出一个像“淡墨会”这样有趣的名字，会有额外的收获哦。

在线练习

当然，如果每次会议参与者都能到场，将是比较理想的，但是经常安排旅行或是找活动场所会有点麻烦。幸运的是，现在有很多在线网络工具可以实现“虚拟会议”。从视频会议程序到大多数社交媒体提供的多人群组对话，你和你的团队有很多选项（因为技术和软件升级换代得太过频繁，我在模板 http://davidburkus.com/resources/ 中放入了一个定期更新的网络工具清单）。如果你已经组织过几次虚拟会议了，那么考虑举行定期的私下会面是一个不错的主意，哪怕一年或者一个季度举行一次，大家能够面对面交流对于增加互信和团队归属感还是十分重要的。

完成这项练习要用到的模板，请访问 http://davidburkus.com/resources/，寻找“人际关系资源”并下载。

第五章

打造灵活组建临时团队的能力

在了解了社群和协作的重要性之后，我们会很容易认为“最好的团队是那些长期待在一起的组合”——那些表现一直很突出的团队。但科学研究给我们上了不一样的一课，揭示出“许多颇为成功的团队之所以成功只是因为它们是短暂的组合”——这些团队的成员合作一次之后便各奔东西，其中的一些人加入了其他的团队。结论是：“有着庞大的关系网络和一支紧密合作的队伍”并不如“有着松散的关系网络和短暂结合的队伍”来得有价值。

2005 年夏，在美国硅谷，几个朋友聚在一起举办一场后院烧烤派对——这也许只是那天在整个加利福尼亚州和全美国举办的众多烧烤派对中的一场。[1] 然而，这场烧烤派对终将成为改变线上人际交往方式和引领技术史上一次翻天覆地变革的一个里程碑事件。在那次烧烤聚会上，时年 26 岁的程序员贾韦德 · 卡里姆，向比他年长 10 岁的基思 · 拉布瓦展示了他正在创建的一个网站。拉布瓦对他创建的这个网站印象深刻，并把这件事告诉了他的另一个朋友鲁洛夫·博塔，而后者碰巧是风险投资公司红杉资本的一位合伙人。

博塔同样对这个网站印象深刻，于是安排了一场同卡里姆以及其他几个项目成员的会面。几个月之后，红杉资本给这个新网站投资了350万美元。[2]这之后又过了几周，网站正式对所有人开放，而当时这个网站每天已经有超过800万人的访问量。

网站上线之后，发展势头迅猛。继红杉资本后，谷歌也豪掷重金，以16.5亿美元买下了这个网站。[3]甚至在被收购之后，这个网站——YouTube. com也继续着它火箭升空般的发展速度，最终成为全世界访问量第二大的网站。[4]从后院的露天烧烤聚会到被谷歌买下，卡里姆和他的朋友们仅用了18个月的时间就让YouTube（油管）由一个视频播放网站蜕变为一个价值16.5亿美元的公司。自不必说，是来自红杉资本的第一桶金帮助他们做到这一切的，但这笔投资也让红杉资本赚得盆满钵满。这听起来就像一个让人惊掉下巴的童话故事，几乎算得上是一种侥幸，除非YouTube不是唯一一家基于一个小点子就能获得丰厚投资的企业。当然，它并不是唯一一家在两年内由一个小点子演化为价值过10亿美元的公司，它甚至不是唯一一家在一次小型的后院烧烤聚会中收获其幸运时刻的公司。

真相是，当大佬们聚在一起的时候，那种事情经常发生。

这里指的当然不是黑帮大佬，而是活跃在硅谷投资界、自诩为“贝宝帮”的那群人。

贾韦德·卡里姆和他的好友基思·拉布瓦，以及与他共同创建YouTube网站的陈士骏和查德·赫尔利，还有风险投资人鲁洛夫·博塔，都曾在一家名为贝宝（PayPal）的金融创业公司工作过，那之后贝宝在2002年被易贝（eBay）以15亿美元的价格收购了。但贝宝帮并不止他们几个，他们甚至都构不成多数派。其他的成员还包括彼得·蒂尔、埃隆·马斯克、雷德·霍夫曼、安德鲁·麦科马克、戴维·萨克斯、肯·霍沃利、马克斯·列夫琴、鲁塞尔·西蒙斯，还有大约上百号人（关于“究竟有多少人能算作贝宝帮的成员”这一问题曾有过争论，依贝宝公司前任首席执行官彼得·蒂尔估算，整个组织约有220人）。[5]在硅谷，曾一度盛行用“帮派”的标签来指代这个组织，直到2007年《财富》杂志发表了一篇关于它的报道，这个称号才被固定下来。

由这个“帮派”创立或投资的公司都很有名气，包括职场社交平台领英、Yelp（点评网站）、社交软件Yammer、电子科技公司keva、帕兰蒂尔公司、斯莱德（Slide）公司、Flickr网站、迪格斯（Digg）公司、莫齐拉（Mozilla）公司、特斯拉汽车公司、太空探索技术公司（SpaceX），甚至还有脸书。[6]这不是关于创业天才有多么热爱公司这种组织形式，而是关于那些置身于一个庞大的关系网络中的大佬是如何对整个行业产生巨大影响的一个不可思议的故事。

贝宝帮诞生的地方当然是在贝宝公司。由马克斯·列夫琴、卢克·诺塞克和彼得·蒂尔联合创立的贝宝公司，最初是一家通过掌中宝和其他个人数码设备（贝宝公司起初被唤作“康菲尼迪公司”）提供人际移动支付服务的企业。从一开始，公司就专注于通过几位联合创始人的人脉来招募员工，由此孕育出所有职员都彼此熟悉、信任的企业文化。公司乐于从附近的斯坦福大学（蒂尔的母校）和伊利诺伊大学香槟分校（列夫琴的母校）大量招募员工。“我们不仅招募我们的朋友，”蒂尔说，“还招募我们认为可以成为真正好友的人。”[7]

短短几年内，该公司就将业务重点放在通过电子邮件实现转移支付上，并成功成为易贝拍卖平台上一家广受信任的支付交易合作商。但贝宝并不是唯一一家急于使人际电子移动支付成为现实的企业。2001 年夏，贝宝公司和埃隆·马斯克创立的一家创业企业 X.com 合并。马斯克先是把他创立的第一家公司 Zip2 卖了，然后用这笔钱创立了 X.com，他当时是想建立一个无所不包的金融门户网站，用户不仅可以用他的服务来管理他们的支付和存款账户，还能满足他们在退休保障和理财投资方面的需求。这样一个兼容并包的金融门户网站就包含通过电子方式向朋友转账的手段，所以，不久 X.com 和贝宝就意识到，与其鹬蚌相争，不如兵合一处、将打一家。于是就出现了一个有趣的现象。事实上，在合并之前，两家公司曾一度租用了同一栋综合办公楼的办公区域，在贝宝搬到新办公区后，X.com 便租用了贝宝之前的地盘。

尽管贝宝公司成长得很迅速，但很可能正是因为这样，公司的发展并不是一帆风顺。贝宝既要和市场监管机构斗智斗勇，又要和充满敌意的信用卡公司竞争，还得提防骗子和小偷，甚至还要承受来自易贝这个最大用户的竞争压力。公司内部也有不和谐的声音，意见分歧甚至可能会上升到武力解决的地步，并最终以摔跤比赛的形式决出胜负。[8]公司首席执行官的职位竞争曾一度很激烈。在合并之后，公司由比尔·哈里斯领导，但在和马斯克对公司的发展发生争论后，前者迅速辞去了领导职务。紧接着，马斯克接手了公司。然而，马斯克因为一起技术争端被董事会炒了鱿鱼，之后彼得·蒂尔成为首席执行官。

这些争斗最终全都让位于一个共同的敌人，一个出人意料的敌人。为了和贝宝竞争，易贝买下了一家现金转账公司，并制定了战略步骤，要把贝宝从它的平台赶出去。贝宝展开反击，一方面提升它的产品，另一方面争取它在易贝上的用户的支持。在 2002 年 6 月召开的易贝用户大会上，贝宝筹办了一场派对，并给每个参与者分发了蓝色的贝宝衬衫供他们出席会议时穿。在一片蓝色的海洋里，易贝的高层决策者一定是一下子醒悟了。一个月之后，易贝便宣布打算收购贝宝。

虽然这起并购对贝宝的雇员来说是笔划算的交易，但他们心理上还在纠结。在 20 世纪 90 年代末和 21 世纪初，贝宝已然是硅谷企业文化中的另类成员——那是一个创业神话还远没有今天这么耀眼的时代。贝宝的企业文化是后来为外界所称道的“快速行动、勇于突破”的工作观念的鼻祖。在收购贝宝的时候，易贝已经是一家拥有相当数量职业经理人的大型公司了——这也意味着它的企业文化会让贝宝的员工感到一种令人压抑的官僚气。自打并购开始，贝宝的老人们就在心里盘算他们到底能在易贝坚持多久。

举个例子，在并入之初，易贝的领导层安排了一场长达 3 个小时的会议，并带着一份多达 137 页的幻灯片来了。“在贝宝的历史上，从未有过长达 3 个小时的会议，（对此我）不想再多说什么了，”贝宝的前任常务副总裁基思·拉布瓦说，“而且他们是一上来就搞了一个 3 小时的整合会议。”[9] 不出几个月，创始团队的大量成员便离开了。最终，贝宝的 200 多名雇员走了近一半，各奔东西。最开始创立贝宝时的 50 名元老中仅有 12 人在易贝待了 4 年以上。[10] 贝宝的前任首席运营官戴维 · 萨克斯说:“对贝宝的整合，实质上造成了那些掌握了极具创新性的、在当时其他人都已经放弃的、可以设计出一个全新爆款产品的技术的极富进取精神的人才的大逃离。”[11]

而制作出新的爆款产品正是他们孜孜以求的。

在拿到出售贝宝换取的现金后，彼得 · 蒂尔马上就联合了在贝宝的老战友安德鲁 · 麦科马克和肯 · 霍沃利成立了对冲基金克莱瑞姆资本管理公司。蒂尔也将成为一家羽翼未丰的创业公司“脸书”的首个外部投资者，他还拉上了贝宝的老同事雷德 · 霍夫曼。这并非雷德 · 霍夫曼唯一的社交行动，在他离开贝宝后，霍夫曼和其他几个人联合创建了领英，并很快得到了来自基思 · 拉布瓦和彼得 · 蒂尔的投资。另一个贝宝帮的成员甚至为领英提供了第一个办公场所。[12] 即便是埃隆·马斯克也依然依靠来自贝宝帮的创意和资金的帮助。当马斯克在火箭发射连续三次失手并耗光了资金的情况下，是贝宝公司的一位前同事投入了足够的资金确保他能继续开展实验。[13]

他们新创立的公司之所以会紧密地联系在一起，其中一个原因就在于他们在贝宝工作时形成的友谊延续了下来。但另一个极大加强了这些联结的因素是经济。在前贝宝成员成为自由职业者的 21 世纪初，只有极少量的钱流入技术创业中。“没有人会为它们提供资金，”基思 · 拉布瓦说，“基本上，也就霍夫曼、彼得和我几个人，除此之外，红杉资本也会投一些。”[14] 但贝宝帮不只是作为金主，他们同样塑造观念。因为由贝宝帮成员成立的新公司同样也吸纳了新成员，所以贝宝帮的经商哲学和企业文化迅速传播开来。即使贝宝帮并不直接和一家新公司合作，而仅仅是向它注入资金，他们的影响依然强大。这部分说明了，今天硅谷的企业文化和精神风气是贝宝帮在他们所做过的每一笔风险投资中留下的异常清晰的印迹造成的。在看到数家独角兽企业和资本市场中数十亿美元的投资后，可以确定地说，这种印迹是积极的。总而言之，因为受不了易贝的企业文化出走的这帮人，成为一个关于令人惊艳的创新的强大关系网中的关键节点。

但并不只是先前的关系和他们的可观财富成就了贝宝帮。最近关于网络连接如何发挥最大效益的研究揭示出，是贝宝帮成员串联协作的特殊方式成就了他们。

最佳合作是短暂的

21 世纪初，布莱恩 · 乌西对成绩斐然的团队的成员是如何在人海中找到彼此并达成合作产生了浓厚的兴趣，尤其是对他们在各自行业中形成的社交网络是如何帮助他们寻找队友并达成合作的这个过程感兴趣。起初，乌西只盯着科技领域，但他的调查后来扩展到各个领域。在科技领域，乌西和他的同事发现，越来越多的科技突破是由团队集体实现的。在一项研究中，乌西和斯特凡 · 伍奇、本杰明 · 琼斯发现，由团队合作完成的造成巨大影响的科研论文在同类研究成果中的占比上升得相当快。研究人员收集了 1955—2000 年近 2000 万份同侪审议学术论文和超过 200 万份公开的专利成果。[15] 他们发现团队协作产出成果的数量呈现一个稳定上升趋势——数量几乎翻了一倍。举个例子，1955 年，一份公开发表的论文背后的研究团队平均只有

1.9 人的规模，这反映出当时的研究人员比较习惯于独自做科研，半个世纪后，科研团队成员的平均规模已增长至 3.5 人。

科学家独立参与的科研项目数量和参与的团队科研项目数量的比率也发生了变化。这点在社会学家群体中表现得尤为突出，20 世纪 50 年代，他们只有 17.5% 的学术成果是依靠团队力量完成的，50 年后，这个比例上升到 51.5%。换句话说，50 年前，天才独自在一间实验室里攻关搞科研的形象，是相当写实的，但在今天，大多数天才都要依靠团队合作。

乌西的三人研究小组还发现，对比一个领域内个人的研究成果所产生的影响，团队合作的成果带来的影响更大。判断学术影响力的最好方式就是看研究成果被引用的次数，这个数字通常被视为评判这篇文献的质量和影响力的依据。通过对这 50 年的研究得出，联署的论文在被引用次数上往往要多于独立撰写的论文，并且共同撰写的论文的被引用率还在增长。在 20 世纪 50 年代，有合署作者的论文的被引用次数是个人撰写的论文的 1.7 倍，到 2000 年，这一数字变为 2.1 倍。在自引次数被排除在外后，合作论文的影响力以及这种影响力呈现出的强劲增长势头，仍然和之前一样。

伴随着对团队合作效益的深入理解，很自然地会导向接下来的问题：什么样的团队才是最好的？

幸运的是，乌西和另外一组研究人员（大量的细节会在接下来展开解释）也探讨了这一问题。这组研究人员针对 1955—2004 年发表的一组在数量上要少得多的科研论文展开研究。[16] 尽管说是少多了，实际上工作量仍然很大。他们从各个科研领域选取了具有代表性的

32 份期刊中的近 9 万篇论文和 11.5 万名作者展开研究。乌西、罗歇·吉梅拉、路易斯·阿马尔和贾里特·斯派罗对重复合作的频率特别感兴趣。这些天才的研究人员对课题的见解是来自长期合作的少量科学家，还是源自更广泛的短期合作呢？（如前所述，乌西自己在该领域的研究表明，他对后者的可能性信心更足，就如每篇他与别人合署的论文都得益于多元化合作团队一样。）

为了回答这一问题，研究人员还需要评估这些学术论文的质量，他们将每篇论文发表的期刊的影响力作为评判指标。出人意料的是，在知名度较低的期刊中，重复性合作更常见。而在知名度较高的期刊中，会更频繁地看到那些在此之前不曾合作过的人合写的论文，或者那些项目一旦完成就转投其他研究团队的学者合写的文章。最强大的团队似乎只是那些短暂的合作。

科学研究的本质可以部分解释这一现象。从最初的假设到数据收集再到初稿的写作，要发表一篇科研论文需要大量的前期工作。要做成一项有学术影响的研究，光有吸引眼球的理论是不够的。一个卓越的理论需要堆积如山的数据做支撑。通常最有可能实现这一切的方法就是组建一支由经验丰富、理论水平高的学者和部分经验相对欠缺但能保证将大量时间和精力投入科研项目的新人构成的团队。

但令人沮丧的事实是：如果把一支好的队伍完整保留下来，往往不能得到理想的回报。也就是说，如果一支队伍的前期成果很丰硕，就不太可能将同样的时间和精力投入到下一个项目中去。本质上讲，你需要新鲜的血液。而为了注入新鲜血液，你需要的应该是一个动态的关系网，它不仅能够允许其中的每个个体迅速结合，还能够引进足够的新合作者来维系项目的运营。

事实证明，通过人才网络形成临时组合所能带来的效益，并不局限于科技领域。

想想贝宝帮的成员，他们在退出易贝后并没有只组建一家新公司。相反，他们分散到技术行业的各个角落，寻找新的合作对象，并从他们的老伙计那里得到灵感和资源。拥有一群靠得住的科技创新人才和让他们散落到整个网络中去组建新的公司，二者的意义并不一样。“团队成员的流转对创意的诞生至关重要，”乌西解释道，“即使这意味着要放弃团队成员间业已形成的高效的沟通方式。”[17]

对贝宝帮的成员而言，他们在公司被收购后面临的新情况逼迫他们去寻找新的团队，在各种项目之间轮转。事实上，一名“帮派”成员加入一个由几位老同事和一些新的创业者组成的团队，短暂地合作一段时间，再跳到另一艘船上开始另一个项目是相当常见的。许多人甚至同时承担多个项目，创立一个公司，投资另一个，还担任第三家企业的顾问。贝宝帮成员在整个硅谷企业家网络中的分化组合像极了科技领域的研究人员之间的合作关系。

对个人而言，贝宝帮的成功带来的启示很明显是违反常理的。仅有一个关系网络是不够的，重要的是这个关系网的稠密度。回想前一章，找到社群和合作者是相当重要的。如果你的关系网允许你轻松地构建起一支由新老关系组成的团队，那么你就拥有了一个伟大的组合。如果不是，那么你可能和同一拨人一起工作的时间太长了。与此同时，如果每个项目或者机会都需要新一轮的介绍，那么你的关系网的构成可能并不太理想。

对企业而言，这种启示就更为重要。大多数企业是建立在组织结构之上的，这就为合作设置了直接的障碍——这恰恰不是高效的合作所需要的。大多数企业将更得益于这样一种组织架构，即有着科研合作者之间的那种关系像贝宝帮的关系那样，而非一种阶级式的官僚体系。

构建便于人才流动的组织架构

对大多数企业而言，组织架构决定了公司内部的关系网络。伴随着一家企业的发展和扩张，所有员工都在一起讨论和工作变得不现实。所以自然而然地，汇报关系便确立起来。员工们经过专业化的分组和训练，通常会有一个人成为上传下达的管理者。尽管沿着管理等级体系上传下达的沟通速度普遍提高了，但横向沟通的速度却降到几近为零。更糟糕的是，任何人为一个项目团队找到新的合作伙伴的概率几乎不存在了。团队，从广义上可以被定义为“向同一个管理者汇报的人的集合”，而在不同团队间流转的成员便成了异类。然而，有些企业,成功做到了使人才的流动和人才的构成多元化成为一种常态，而非例外。

国际知名的设计顾问公司 IDEO 就是一个绝佳的例子。该公司成立于 1991 年，由三家设计工作室合并而成。[18] 戴维 · 凯利是公司的创始人之一并仍在担任公司的重要领导职务，他经常声称他创立公司只有一个目标：把他最好的朋友们都拢到一个工作场合中。[19] 他还声称，他希望公司的规模永远不要超过 40 人，想必是想保持那种“和朋友一起工作”的感觉。但公司确实在扩张，并且速度很快。在早期的时候，设计室也的确获得了巨大的成功，比如为苹果计算机设计了第一个电脑鼠标，为电影《人鱼童话》制作了一头身长25英尺（约7.62米）的机械鲸，以及在美国广播公司网特别摄制的一集夜线节目中展示了他们的整个创作过程，并重新设计了一辆标准的购物车。相比其他设计公司，这家设计工作室还在整个20世纪90年代赢得了更多的行业奖项。成功会带来更多的成功，也带来了更多的业务——这时候就需要成长了。

今天，IDEO的办公场所遍布全世界，并有超过650名雇员。[20]公司的成长使得它更难保持“小公司，和朋友在一起工作”的感觉，但他们继续做到这一点的主要方式之一就是以项目为中心而非以人为中心设计他们的组织架构。随着新的客户项目的涌入，IDEO每次都从零开始为每个项目搭建团队。团队本身就是高度多元化的，将工程师和建筑师、心理学家和人类学家聚在一起。[21]多元混合的背景所提供的某种程度的多样性和创造性，是绝大多数企业只敢幻想得到的，但它却是IDEO公司组织架构的独特本质——它允许项目团队凑到一起、合作，甚至解散并加入新的团队——这是它取得创造性成就的真正诀窍之一。

因为团队是专门为每个项目组建的，而每个新的项目又是不同的，这样每支队伍就有所不同。但这样之所以能创造出伟大的成果，是因为每支队伍都结合了天才的设计师和其他方面的专家。“IDEO的职员是如此聪明和才华横溢，以至于每当承接一个新的项目，我们都可以组建起一支看似随意的设计师团队，似乎就只是把那些恰好有时间的人凑到了一起，”戴维·凯利解释说，“而最终，神奇的事发生了，它带来了两个结果：突破性的理念和满意的客户。”[22]

IDEO 构建团队的过程看似随意，但事实根本不是那样。IDEO 利用一个社交平台来为每支队伍挑选完美的人选。[23] 所有 IDEO 的职员在这个平台上都有他们的个人档案，包含他们的教育水平、能力和过往项目的业绩等丰富的信息。职员的档案在整个公司中是共享的信息，并且可以联网搜索和打上电子标签。这个平台为从一个更大的人才池中而非只是个人曾经的合作对象里搜寻出合适的团队伙伴提供了一种迅捷而有效的方式。对它进行反向运用也是行得通的——也就是说，职员可以利用平台来搜索匹配他们的综合技能和兴趣的新项目机会。

IDEO 工作的特质以及它组建团队的独特方式，使它的组织架构看起来更像贝宝帮在硅谷的关系网，除它只面向公司内部这一点以外。当一个新项目进来，那些身处人才体系之中并且正好有空的职员就会被组织起来，成立一个新的团队。项目工作会持续几个月，然后项目团队会被解散，它的成员又重新回到更大的 IDEO 公司职员的人才网中，等待下一个任务。（通常在团队解散的时候，他们已经为下一阶段的任务做了一些工作了。）当雇员们接手他们的下一个项目时，他们会和一些新面孔合作，当然也会有几张老面孔。

不论是贝宝帮的大型网络、一家科研实验室，还是像 IDEO 那样的设计公司，研究的结论是，最佳的关系网应当具备组建流动型团队的条件。我们中有太多人尝试构建这样一种关系网，希望找到可以永远在一起工作的值得信赖的伙伴。我们往往认为，最好的团队是那些长期紧密团结在一起的团队。但针对团队和关系网的本质的硬核研究揭示出，最佳以及最富成果的团队只能是那些临时组合。

从理论到实践

对团队合作的研究证实，就为攻克一个项目或哪怕仅是提供建议而言，最佳的团队是那些临时组合——那些在一起合作的时间可能比你认为的产出真正效益所需时间要少的组合。然而，为了构建这样的团队，你需要拥有一个足够宽松和多元的关系网，用以频繁地组建或重建一个团队。判断你是否拥有这样一个关系网的最佳办法是检查你的日程表，明晰你目前是怎样同各种团队的成员互动的。以下是对你团队全面的评估和判断你的人际关系是否过于紧密而无法组建你所需要的团队的一个快捷但有效的方法：

1. 重新审查你最近 3 个月的日程表并列出你参加的所有项目会议。
2. 写下你参加的每场会议的与会人员名单。这个名单可能会很长；如果一个项目团队有开例会的传统，那么每次会议你就再写一遍与会人员名单。
3. 当你写与会人员名单的时候，在所有与你多次合作的人的名字旁边打上星号。
4. 接下来，在所有和你在多个团队待过的人的名字旁边画一个加号。

名单列好以后，算出名单上曾在多个团队里一起待过的队员所占的比例。虽然这可能算是某种意义上的任意裁切，但如果名单上有超过半数的人曾和你一起在多个团队中待过，这就值得奖一面大红旗了。理想的情况是，即使你只服务于一个主要的项目团队，也应该举行不同的会议来邀请和吸引来自你的关系网或其他人的关系网中的新人与会。如果同样的人定期在同样的地方会面，那就值得奖另一面大红旗。

线上练习

这不是什么新鲜的方法，但你会发现利用原始的社交媒体——电子邮件来完成名单的誊写会轻松些。通过你的草稿箱、垃圾箱和发件箱里的邮件来回忆每次会议中都有哪些人。如果你或者你的公司使用像 Outlook 或谷歌行事历这样的日志服务，那就更棒啦，你就有办法找到关于“都有谁被邀请来参加那些会议以及谁至少表态说他们将参会”的完整记录（至于谁真正出席了会议就全靠你的记忆去还原了）。

完成这项练习要用到的模板，请访问 http://davidburkus.com/resources/，寻找“人际关系资源”并下载。

第六章

做一个超级社交达人

当我们审视自己以及其他人的人际关系时，很容易认为所有人的社交圈子都差不多大。然而，针对人际关系的研究表明，有些人的社交范围要远超平均水平，不论这个平均水平是多少——他们就是所谓的“超级社交达人”。但也有证据表明，我们中的大多数人都有能力将个人的社交圈拓展得足够大，大到可以和超级社交达人相提并论。我们只需要小心翼翼地去做。

布莱恩·格雷泽并非生来就是一个社交达人，但他的好奇心是与生俱来的，而正是这种好奇心使他成为一名成功的制片人和超级社交达人。或者说，正确的表述顺序应该是，他的好奇心使他成为一位超级社交达人，而这又帮他成了一名成功的制片人。

格雷泽通过他的公司——创想娱乐影视公司——制作了一系列卖座的重量级电影，例如《阿波罗 13 号》《大话王》《美丽心灵》《8 英里》等，以及像《发展受阻》和《24 小时》这样的电视节目。但布莱恩最初的梦想绝不是闯荡好莱坞，当然也不是成为一名制片人。是他的好奇心和他的人脉关系带他走到这一步的。

格雷泽本应就读法学院。他从南加州大学毕业，并决定继续攻读这所大学的法律硕士，但在一个改变命运的夏日，他偶然听到了改变他人生的一段对话。“我听到两个家伙在谈话，”格雷泽回忆道，“一个说，‘噢，上帝，我在华纳兄弟公司干着最轻松的活儿。每天按 8 小时的工时给我算工资，但实际上我只干了一个小时’。”[1] 产生了兴趣的格雷泽听得更加仔细，并得知说话者刚辞去了华纳兄弟公司法律助理的工作，他甚至听到了这个人前任老板的名字。

格雷泽充满好奇，同时又很坚定自信，他找到了华纳兄弟影业的电话，拨了过去，并要求代为转接那个男子的前任上司。格雷泽表示，自己是一名法律专业的学生，正在找一份暑期兼职。那个经理询问他是否可以定在第二天的下午 3 点见面。格雷泽回忆道：“他在下午的 3 点 15 分雇用了我，我从第二周的周一正式开始在华纳兄弟公司工作”。[2]

他很快发现这份工作要干的活儿确实非常少，只是不怎么体面。格雷泽被安排在一个没有窗户的小屋子里，仅有一个衣柜大小，但这只是个开始。格雷泽回忆道，“从那间小办公室开始，我就进入到影视行业的世界中。自此我再也没有离开。”[3] 虽然起点很低，但格雷泽却对这个行业产生了兴趣。他们这些人很卑微，顶着“法律助理”的头衔，事实上却只干着信使的活。他的工作就是转递文件、合同以及其他材料给那些承接华纳兄弟业务的人。工作简单而无聊：他被告知一个地址，他把文件送到那里。这就是全部工作内容。如果不是格雷泽那永不停歇的好奇心和想让工作变得有趣的决心，这就是份令人消沉的工作。

格雷泽解释道：“我意识到，我的工作是将这些文件递送给那些非常有名的大人物，但在他们和我之间还隔着几个人。”[4] 所以格雷泽决定对那些工作在大人物身边的人做些什么。“当我出现的时候，我会告诉这些中间人——秘书也好，门卫也好——我必须将这些文件直接交给接收者本人，他亲自签收了才‘有效’。”[5] 出人意料的是，这招奏效了。没有人怀疑他。

格雷泽很快开始和有权势的企业家和电影演员见面，他们中的许多人甚至主动和他进行简短的交流。他见到了像比利·弗里德金这样的奥斯卡获奖导演、像沃伦·贝蒂这样的电影明星。从他们那里他了解到关于电影行业的更多内幕，或是得到了一些工作上的建议。“我很快就意识到电影行业比起法学院要有趣得多得多，”格雷泽解释说，“所以我推迟去报到——后来根本就没去。”相反，他有意识地从这些对话中了解到越来越多的信息，并开始为他自己在好莱坞创下一番事业做准备。为了做到这点，他需要获得更多的建议。而为了获得更多的建议，他需要更接近拍摄工作本身。

碰巧，就在他有这个想法的时候，华纳兄弟的一位高级副总裁被炒了鱿鱼，他的办公室空了出来。这间办公室紧挨着公司总裁、董事长、副董事长的办公室。格雷泽决定赌一把，他提出了一个简单的请求，想要在这间办公室尚未有新主人进驻的时候在它外间办公。“可以。”老板答应了。于是他着手行动起来。格雷泽干的不过是一份法律助理的活，但他在一间重要的办公室外间工作——甚至有了他自己的秘书。重要的是，这间办公室隔壁就是华纳兄弟公司副董事长约翰·凯利的办公室。约翰很快就喜欢上了格雷泽，并经常邀请他去办公室里坐坐。格雷泽很快就了解到关于电影行业的更多内情，同时也有了一个更为大胆的拓展人脉的想法。

格雷泽回忆道："我意识到，我不是只能结识和华纳兄弟公司碰巧有商业往来的人。"如果他能够适当地提出请求，他是可能结识这个行业中的几乎任何一个人的。他可以简单地致电并邀约，而且如果他坚持下来，他最终是能和对方建立联系的。于是他设计了一个简单的自我介绍并开始拨号。他会给那些有权势的企业家的助手打电话，并提出一个简单但演练得很好的问题："嗨，我的名字是布莱恩·格雷泽。我在华纳兄弟公司负责商业事务。给您致电与公司的业务无关，我也不是来求职的，不过我想要和某某先生通话，5 分钟就行。"然后他会说明他对此感兴趣的特殊原因以及为何和他见面是值得的。[6]

就像他在传递法律文书时说的话一样，格雷泽的新行动往往也能奏效。他结识了其他公司的制片人、导演，并且每次他都能得到有用的信息和他应该认识的人的名字。"每和电影行业中的一个人交谈一次，就意味着我有机会结识另外 6 个以上的人，"格雷泽回忆说，"每次成功都赋予我信心，让我尝试联系下一个人。结论是，我真的能够结交到这个行业中的几乎任何一个人。"[7]

有时需要反复邀约才能安排一次会面，但最终证实这份努力是值得的。格雷泽第一次和卢·沃瑟曼坐下来交谈就等了很长时间。沃瑟曼是美国音乐公司的老板，这家公司最终变成了美国全国广播环球公司。沃瑟曼通过美国音乐公司与朱迪·嘉兰、弗雷德·阿斯泰尔、吉米·斯图尔特等电影巨星合作，甚至和阿尔弗雷德·希区柯克有合作。在格雷泽试图联系他的时候，沃瑟曼在电影行业的影响力正如日中天。

沃瑟曼和格雷泽的会面只持续了不到10分钟，但他的建议会永久地影响到格雷泽的职业生涯。

“去写点东西，”沃瑟曼告诉他，“你要带着想法来。”[8]随着对话越来越有价值，随着他的人脉越来越广泛，格雷泽需要利用这些人脉来帮助他拓展思路，否则他永远不会成为一名制片人。

正是下面这次接触最终帮助格雷泽找到了他一生的职业伙伴——罗恩·霍华德。

格雷泽第一次见到霍华德是在派拉蒙影业公司的片场，当时霍华德正担任几个小项目的制片人。格雷泽给霍华德打电话，只是简单说：“我认为我们有相似的目标，不如我们见一面谈谈。”[9]几天之后，他们见面了，并且谈论了他们在主流媒体上要达到的目标，合作就此达成。他们首先合作拍摄了两部电影，其中一部《美人鱼》风靡一时。他们成立了自己的公司——创想娱乐影业公司。打那之后，他们就一直在一起工作。“我和罗恩的关系是我一生中除了家人之外最重要的关系，”格雷泽回忆说，“他是我最亲密的同事，也是我最好的朋友。”[10]

但格雷泽和霍华德之间长期的友谊并没有使他停止结交新的朋友，他仍然在结识新朋友，开启他说的“有意思的交谈”。在超过35年的时间里，他已经将和有趣的人对话作为他日常生活的一部分。他说：“我的目标一直是每两周至少认识一个新朋友。”仅列举几例：他曾和美国前总统比尔·克林顿以及科学家卡尔·萨根有过交流，他认识疫苗发明者约纳斯·索尔克和亿万富翁卡洛斯·斯利姆，他与说唱歌手“50美分”、海洋学家雅克·库斯托有过交谈，[11]他甚至见过戴安娜王妃，并与她共享一杯冰激凌。[12]

格雷泽的许多邀约都是刻意找的影视界以外的人，但他们中的许多人都影响了他对新节目和新电影的创作理念。此外，他几乎见过所有他在电影行业中需要认识的人物，结识他们是他作为一名制片人每天工作的一部分。格雷泽说：“工作意味着和演员、编剧、导演、音乐人会面。在我到达办公室之前很久就已经开始和经纪人、制片人、工作室负责人、影星通话，并且通常会持续到我下班回家为止。”从许多方面看，这就是一个制片人的工作——成为联系所有这些从事电影工作或电视节目的不同的群体的中心。出于这个原因，他渴望认识尽可能多的不同类型的人，这无疑是他能取得成功地重要因素之一。格雷泽是一个超级社交达人。他是一个社交网络中那一群掌握着惊人的高于平均水平的联系人资源的人之一。至少对格雷泽而言，社交圈子的大小充分说明了他所取得的成就的大小。

远超“平均”的社交广度

如果布莱恩·格雷泽的故事听起来像是一个例外，那是因为它……至少和我们对一个人社交范围应该有多大的常理性认知模式相比不太一样。大多数人认为，其他人社交范围的大小与自己的应该相差无几。那是因为我们的脑子只够记住这么多数量的关系，所以每个人拥有的关系的数量大体相当。我们可能会认为有些“幸运的人”认识更多有权势的朋友，但要说他们比一般人要认识更多的人，就值得推敲了。他们只不过是拿了一手好牌。当我们想到那些有着异常巨大的社交圈子的超级社交达人的时候，我们会告诉自己，他们一定不可能像我们一样对自己的社交圈子里的每个人都那么了解。关于这种想法，有一个很好的科学论点。

这个科学论点的提出者是罗宾·邓巴，来自牛津大学的一位进化心理学家。在20世纪90年代初，邓巴正在研究灵长类动物种群里的社会联系——主要关注猴子和猩猩。[13]通过他的观察，邓巴得出了一种理论，即动物种群的大小，一定是受到了这种动物脑容量大小的影响。因为动物需要依靠智力来和其他动物互动、交往和产生联结，并记住已经形成的关系。所以由此可推论，一个灵长类动物能够保持的社会关系的数量一定与它的智力水平有关。反过来说，一定与这种动物的脑容量有关，尤其是与这种动物的大脑皮层有关。

这使邓巴得出来另一个结论。如果大脑皮层的大小是影响灵长类动物社交范围的一个重要因素，那么这个理论一定可以推及人类身上。邓巴和他的同事拉塞尔·希尔写道：“有鉴于人类大脑皮层的大小是已知的，灵长类动物大脑皮层的大小与其能够形成的种群的大小之间的关系便可以用于推测人类的认知水平下所能形成的团体的规模。”[14]

利用已知的人类大脑皮层大小的平均数值，邓巴算出了一个人在社会交往层面的信息处理能力和智力的上限，得出个人所能维持紧密人际关系的人数至多不会超过150人。这就是科学文献和通俗文学中非常有名的“邓巴数”。随后，邓巴开始在人类的社交群体中寻找支撑这个数字论断的证据。他学习了人类学领域中从部落社会到现代社会的学术成果，甚至（和希尔一起）研究了个体每年送出的圣诞节贺卡的平均数。每次他都发现这个平均数稳定在 150 左右。150 人还是古罗马帝国军事单位以及第一次世界大战期间步兵队伍的典型规模。[15] 有证据表明，现代企业和军事组织仍然倾向于将他们的人员划分为至多 150 人左右的小团体，虽然这仅是一个平均数，并且距平均值的偏差很大。

但当邓巴数被用来估算一个特定个人的社交网络的大小时，会存在一个问题——事实上是两个问题。第一个问题在于邓巴的研究大都聚焦非人类灵长类动物（猴子和猩猩）的族群和团体，然后将这一数据推及人类，算出一个平均值。然而，最大的问题是，150 似乎并不是一个正确的数字。更重要的是，正确的数字可能会打破我们关于“平均值”的概念认知。

在 2010 年的时候，由泰勒 · 麦科米克（当时还是哥伦比亚大学统计学的一名博士研究生）领导的一个 3 人研究团队，试图通过问卷调查和统计运算取代基于脑容量的研究方法来估算出个体社会交往人数的平均值。[16] 但由于许多原因，测算个体联系人群体的规模变得十分困难。研究人员不可能只是通过询问就得出一个人的社交范围有多广。他们也不能翻阅每名实验参与者的手机通讯录。为了得到一个更为精准的数据，麦科米克和他的同事尝试了大量的方法，所有这些方法都是使用特定刺激来触发已知的联系。在这种情况下，他们询问了在美国的 1370 名成年人，他们认识多少同名的人（举个例子，“你认识多少名叫迈克尔的人？多少名叫詹妮弗的人？”）。这种方法会刺激个体回忆起特定的人，而得到的结果可以用来和广泛可得的关于有多少人共用特定名字的数据做比较。（在美国，社会保障署负责每年更新有关新生儿姓名的信息。）通过一些统计运算，研究人员就可以得到每个个体的社交规模的估算数值。

他们发现，那些被调查者的人均社交人数为 611 人。就结果本身而言，这个数字就要比邓巴数大得多。但隐藏于数据背后的另一个洞见更为突出。当社交网络人数规模的平均数为 611 时，其中位数是 472 个联系人。这种差别对你我而言似乎并没有什么大不了的，但对一个统计学家而言，这就是一个明确的信号。邓巴研究的假设是，不仅人际网络人数规模的平均值是在 150 人左右，而且就算绘制在一张图上，结果也会遵循所谓的正态分布。在正态分布的情况下，你会得到一条从图表原点出发先是向上攀爬，随后在中间位置到达顶点，然后逐渐回归数轴的曲线。这便是钟形曲线，或称倒 U 形曲线，这是我们大多数人非常熟悉的高中数学的知识。

在正态分布中，你会看到社交规模的中位数等同于平均数。真正的人际网络的大小事实上可能比邓巴数大 4 倍多。但如果说 611 人是平均数而分布又是正态的，它理应也是中位数。这不符合麦科米克和他的同事得出的结论，并且，事实上，这些数据暗示着绘制出来的图将是完全不同的一种形状。

对他们而言，人际网络的大小看着更像符合幂指数的数学关系。

幂指数是一种完全不同的分布指数。幂指数分布看着更像你所见过的最陡峭的山岭的形状，而不是一个钟形曲线。它的起点很高，随之迅速下降至几乎与水平数轴平行。（在一个纯粹的幂指数分布图中，线条的两端都不会触及坐标轴，但实际绘制出的样本往往看着更杂乱一些。）确实，这就是麦科米克和他的同事发现的东西。虽然有许多人的社交网络规模在 600 人上下，少数人却有着大得惊人的社交圈子。那些有着庞大社交网络的少数人扭曲了分布结果，使它呈现出幂指数的形状。

公正地说，在计算这一数字的时候，邓巴还是给自己留有退路的。他事实上也接受过一些不同的计算结果，随着列表上联系人的关系变得不那么亲密，算法得出的数字也在变大。然而，不论在何种情况下，邓巴还是坚持认为一个人所能拥有的联系人的数量是有上限的。也许他是对的，但这个数字绝不会靠近平均数。

麦科米克和他的同事并不是唯一研究人际关系中幂指数现象的人，他们甚至算不上第一拨。这个发现的殊荣应归属于阿尔伯特 - 拉兹洛 · 巴拉巴西和雷卡 · 阿尔伯特。早在 20 世纪 90 年代中期，巴拉巴西和阿尔伯特就致力于关系学研究，既包括人际关系，也包括像万维网这样的技术网络。[17] 因为他们除了人际网络之外也研究互联网网页，所以他们在相当早的时候就注意到，有许多网站，其网络中的节点比其他网页有着数量大得多的超链接集合。随着万维网的升级，某些固定的网址成了受互联网用户偏爱的搜索起点，久而久之，这些网页的访问频度变得比一般网页高得多。此外，这些网站多数又可以链接其他大型门户网站。（在互联网发展的早期，像雅虎和 Excite 这样的网站尝试扮演互联网的门户，链接了各种各样的其他信息网站。）对研究人员而言，网页的这种链接模式显然不遵循一个假定的正态分布，相反，符合幂指数的分布情况。

这引得他们开始思索，同样的现象是否也存在于人际关系中。他们从现今声名远播的“贝肯数”研究中选取了好莱坞的数据集合。当他们就好莱坞演员关系网中的人际连接度绘制图表时，幂指数分布态再次呈现出来：当然存在一个人际关系的平均数，但一小撮演员确实有着比一般演员多得多的行业联系。事实上，正是这些极富社交能力的演员才使得小世界效应得以产生。他们不仅与外界高度联通，也使得其他每个人的人际交往比原先广泛得多。

久而久之，这些关键人物便成了超级社交达人——不仅在于他们拥有极其广泛的交际，还在于他们也使关系网中的每个人的对外交往都变得更加畅通。想想吧，布莱恩·格雷泽就是一个超级社交达人，他广泛的交际对于他工作的重要性是显而易见的。虽然现在他主要是定期和好莱坞世界之外的各行各业的人互动，但因为他早期几乎已经把电影行业里的每个人都认全了，他仍是这个行业中的一个超级社交达人。有鉴于制片人的工作就是要确保一个项目中的各方有效沟通合作，成为一个超级社交达人也使他成为一个超级制片人。这一点从他所获得的奥斯卡和艾美奖的提名次数就可以看出来。

但正如我们将要看到的，广泛交际并不是从你的人际关系中获取价值的唯一途径，在你现有的关系中缔结新的、有价值的联系，是成为一个超级社交达人的一种行之有效的办法。

从腼腆到交际达人

和布莱恩·格雷泽一样，乔丹·哈宾格也是一位超级社交达人，他的关系网人数也处在幂指数分布曲线的顶端。然而，与格雷泽不同的是，哈宾格发展社交网络，并非出于好奇心或寻求有意思的交流，相反，他完全是出于需要才这样做的。在成长的过程中，哈宾格是一个腼腆的孩子。他经常逃学，因为他在学校里与人交往的过程中，总感觉焦虑、不自在。他并不是一个坏学生，事实上，正好相反，他很聪明并且很努力，从密歇根大学毕业后又继续在该校的法学院读研。[18]

在法学院读书的时候，哈宾格才意识到经营他的人际关系有多么重要。在他实习期间，他体会到"你知道什么"远不如"你认识谁"更容易通向成功。他明白，他应该认识更多的人。在暑期实习期间，哈宾格在华尔街的一家律所工作，他很幸运，被分配了一个他原本不可能找到的好"导师"。很显然，他的导师总不在办公室里待着（稍后会具体阐释原因）。哈宾格环视整个公司，他看到的是一家似乎纯粹依靠努力工作打拼出一番事业的公司。"这些人以 6 分钟作为计费的单位时间，"哈宾格提到在这家律所工作的律师时说，"那本也会是我的工作。你会想要将尽可能多的时间算作计费工时。然后会由一位高级合伙人决定你完成一项特定任务的合理时间。"[19]

从他的角度看，这些都是在要求员工全身心地投入工作。"如果你一年的计费工时超过 2000 个小时，你就会得到一笔奖励。"他说，"生活是伟大的，尽管有很多工作要做。"

就是在那时，哈宾格最终见到了分配给他的导师——戴维。"他总不在办公室。"哈宾格回忆说，"他是一个来自布鲁克林区的有着棕色皮肤的人……很明显，他知道一些别人不知道的事情。"[20]哈宾格只和戴维见过一面，而且之所以会有那次会面，纯粹是因为人力资源部门意识到那个夏天戴维还没有见过他要指导的门生，于是安排了一次见面。

哈宾格回忆说:“我们选在星巴克相见，而他就站在那里，说，‘问吧，你可以问我任何你想知道的事情’。”当哈宾格抛出最显而易见的问题时，戴维的视线几乎都没有离开过他的黑莓手机:“为什么你从来都不在办公室？”[21] 哈宾格只见到律所里的其他律师整天马不停蹄地工作，甚至周末还在加班，而戴维从不出现，但看起来他和其他合伙人赚得一样多。

戴维决定坦诚相告。“我（为律所）带来了生意，”他说，“我带来了客户，我带来了‘消费者’，我掌握着生意经。”[22] 戴维解释说，他并不像其他律师一样忙着将尽可能多的时间变成钱，但他用他的推荐奖金弥补了在这一块收入上的差距。戴维很清楚，他对律所的价值不在于长时间坐在办公室里工作，而在于经营他的社会关系，为公司带来新的客户。所以当其他人拼命工作以增加他们的计费工时记录时，戴维则在“呼风唤雨”，拓展他的社交和联系，以便（这些资源）能在未来的某一天为公司所用。

当他们回到办公室后，哈宾格开始在心里盘算。他的导师并没有足够的计费工时来获取他的奖金，但他每为公司带来一个客户，他就能得到一定比例的总计费工时，这意味着他比其他大多数合伙人赚得更多。对哈宾格来说，这次会面在他心里点亮了一盏灯。的确，这成了他职业生涯规划的一个转折点。作为一个拥有本科学历的人，他明白，智慧使人走得更远。他能在法学院进修，似乎就证明了智慧和努力是正确的组合。但他现在看清了，在更广阔的社会，光有智慧和勤勉是不够的，他需要着手构建他的人脉。

哈宾格回到法学院开始了他最后一个学年的学习，并立即着手将他在暑假学到的东西运用到实践中。他不只是在学习拓展关系，他还学会了利用非言语沟通技巧、肢体语言、调整语调、动态会话以及其他一系列能够帮助他拓展关系的技能。他把从约会和两性关系中学到的东西运用到建立职场关系上来。他组建了一个小规模的学习小组，这使得学生之中产生了想要了解哈宾格的巨大需求，因为他们意识到这个小组能帮助他们提高学习成绩。

接着他就开始教授他掌握的知识。哈宾格和来自另一个专业的研究生同学一道开始召集学习讨论会，并教会其他人如何构建职场人脉。在密歇根大学安娜堡分校，他们吸引了一小群想要了解更多有关如何利用私人关系和职场关系走向成功的拥趸。最终，他们开始寻找扩大影响力的办法。2006 年，哈宾格和他的同伴想到了一个主意。他说："当时有一个新生事物叫作播客，你可以录下一段对话然后上传到网上，人们可以从上面下载。"[23] 通过播客，哈宾格开始筹建一个网络广播电台节目。因为大部分麦克风都不能更改设置接入电脑，他们便通过音乐商店凑齐了所需的设备。他们做到了，不久后节目上线了。

虽然他们仅仅通过上传对话就赢得了大量的听众，但播客给他们带来的远不止这些，它还是哈宾格践行他构建并维持人脉关系理论的一个新场所：他开始对接社交领域的专家，并邀请他们作为嘉宾参与到节目中。在许多情况下，哈宾格不得不给人打“无约电话”，然后迅速建立起融洽的关系，并邀请对方参与到节目中来。但随着听众数量的增长和他节目嘉宾名单的不断变长，他开始意识到在他已有的联系人当中建立新的关系，无论是对拓展他自身的人脉还是为他的听众服务都是更好的一种方式。“我现在在这些圈子中游走，并且我会利用我的人脉来帮助我找到下一个嘉宾。”他说，“但如果他们帮不上忙，我也不会和他们就此断了来往。事实上，如果他们不是理想的嘉宾，我的既定战略就变成了设法帮助他们（成为理想的嘉宾）。”[24]

每当他遇见新的人，当他和他们交谈的时候，他就会同时在他自己的人际关系网中试图搜寻出某个和他们有联系、可以帮得上他们的人。哈宾格说：“你遇见的每个人对你所认识的其他所有人而言都具有巨大的潜在价值。”[25] 这就是他利用 10 年时间建立起一个顶级播客——“魅力的艺术”的秘密，如今这个播客每月有 500 万听众。这也是他用来构建他自己那个几乎同等大小的人际关系网的秘密。

哈宾格将精力投入到为他关系网中已有的联系人缔结有意义的联系上。作为回报，他的关系网也反馈给他一些可利用的联系，这些人可以担任他节目中的嘉宾。当他说每个人都对其他某个人具有潜在价值的时候，这是典型的只有超级社交达人才会说的话。而他的生活和工作经历证实了任何人都可以成为一个超级社交达人。从一个因为有社交恐惧症而逃学的腼腆小孩，到成为一个他自己也数不清楚他的关系网中或通讯簿上究竟有多少人的企业主，哈宾格实现了蜕变。10 年的时间，哈宾格就爬升到了幂指数分布曲线的顶端——同样成功的还有他的播客节目和他围绕这个节目推出的业务。

尽管我们可能认为，我们的关系网所能发挥的作用是由关系网中的人决定的，就像打牌的人手中持有的牌一样，但关系学的研究却揭示了一个不一样的事实。有些人打得更好是因为他们手握整副牌。这些超级社交达人通过广交朋友结识了有影响力的大人物。但成为交际达人的能力并不是只有少部分特殊的人才有。只要投入时间和努力，任何人都可以成为一个超级社交达人，并且正如我们将在下一个章中看到的，你越努力，就越容易实现这个目标。

从理论到实践

正如乔丹·哈宾格学到的，以及布莱恩·格雷泽的好莱坞生涯所展现的，要想成为一个超级社交达人，首先要做到为你的关系网中的人拓展人脉关系。慷慨地为那些身边的人引荐新朋友以增加他们的价值，这反过来也会让他人投桃报李，不吝把你介绍给他们的朋友。如果你能将这种推荐变为你的生活习惯就再好不过了，可以制定一个目标，每周推荐一次或更多。如果你还不习惯主动为他人引荐朋友，下面是你可以在大多数情况下利用任何媒介完成推荐的一个有帮助的格式：

1. 简单通过一句话介绍每个人的名字（“约翰，这是珍妮；珍妮，这是约翰”）。
2. 简要介绍每个人的背景（“珍妮是……”），大概每个人有一个自然段的信息量即可。
3. 简单评述为何你认为这两个人都会从交往中获得益处（“你们都在同一个行业工作……”）。

4. 以一个简单的行动呼吁作为结尾，明确下一步应该做什么、由谁来做（“约翰，你能否费心下周主动给珍妮打个电话呢？”）。

考虑到双方的忙碌程度，你可以将这个格式修改成一个“双向选择加入”式的介绍。你先私底下主动接触双方（用上述步骤中的第 2 和第 3 步）；一旦双方都同意了，你事实上要做的介绍甚至会更简短一些（基本上只需要有第 1 和第 4 步的信息即可）。

此外，一旦居中引荐成为你日常生活的一部分，你会在认识新朋友的时候不自觉地开始想起你已有的联系人。当为他人引荐几乎成为你的第二本能的时候，你就已经是你所处人脉圈子里的超级社交达人了，并且你会在发展一个超级社交达人的朋友圈时变得得心应手。

线上练习

尽管有些社交媒体服务使引荐工作变得更为便捷，让你只需按一下按键就可以和他人建立联系，但最好还是远离这些选项。如果你对发送一封介绍性邮件感到不自在，那说明你和其中一个或者他们两个的关系都还不够亲密。如果是这样的话，通过社交媒体介绍更有可能是种负担而非利好。

完成这项练习要用到的模板，请访问 http://davidburkus.com/resources/，寻找“人际关系资源”并下载。

第七章

关系网络中的偏好依附

我们在观察超级社交达人的时候，往往对他们异常庞大的社交网络感到讶异，好奇他们需要花费多少精力来构建和维护这样一种规模的人际关系。但研究揭示了有关人际关系的一个出人意料的事实：随着时间的推移，经营关系会变得越来越轻松。你的社交越广泛，你越有可能建立新的联系。所以，构建起一个有价值的人际网络可能一开始需要做很多工作，但最终它会变得毫不费力。

当银行为了商业贷款的事情打电话给杰森·盖尼亚的时候，他并没有想太多。他们是来催收贷款的，并要求他立即全额偿还。事情有些棘手，但并非他克服不了的难题。他的公司是依靠巨额的现金流来运转的，所以给银行还钱并不算一个很大的问题。

但那之后发生的事情却是个大麻烦。

盖尼亚的公司——加拿大票务公司，最初是给居住在多伦多、渥太华地区的富人提供酒店门房服务的。盖尼亚解释说："只要（客户的要求）符合法律道德，并且能为客户节省时间，我们就会承接。”[1]这项服务会派生出各种不同的要求，比如帮忙购买音乐会门票。这是一个合理的要求，因为预订晚餐和代购门票属于购买酒店门房服务的标准附加服务。代购音乐会门票的需求一度十分火爆，以至于盖尼亚的公司摇身一变成为加拿大第二大活动票批发商，于是公司便更名为“加拿大票务”。

公司发展得很好，每年营收在 600 万美元左右，但盖尼亚并不开心。他不觉得这项业务有多大商业前景，而且筹备销售业务还要再花上一年工夫安装所需的系统，但他本人并不把控这套系统的运营流程。而恰巧这时银行又来催收贷款，无异于添乱。不过，因为有充足的现金流，他很轻松地偿还了这笔钱，他只是不得不在一段时间内减少库存，找时机再填补回来。

随后盖尼亚又接到了另一个电话。这个电话是他的商业服务供应商打来的。因为大多数业务的运转都依靠信用卡转账，所以总是存在退单拒签和有争议款项的风险。盖尼亚的公司退单拒签率比较低，特别是代购票业务。可是，这家商业服务供应商却认为票务生意存在高风险，于是宣布将代为保管客户 6 个月内所有的信用卡流水以防出现退单拒签的情况，并且该决定立即生效。就这一通电话，盖尼亚的现金流一下子就濒临枯竭。为了维持生意，他再次开始借贷。在举债 25 万美元之后，尚在眼巴巴地等待公司收益能够尽快脱离供应商托管的当口，他的企业却撑不住了。

盖尼亚需要一个新计划。他已经赌上了他最后的筹码，而且输得精光，甚至他社交圈子里的那些人都开始见他像见瘟神一样，最后，没人再接他的电话。他发现，他的朋友圈已空无一人。“我在2012年结的婚，”盖尼亚说，“只有两个人出现在我的单身派对上，他们是我的弟弟和我未来的大舅子。”[2]基本上所有人都弃他而去。他需要找到一条路重新开始，不只是从头创业，更是从零起步构建一个全新的关系网。

盖尼亚回忆说：“我当时和塞斯·戈丁一起参加了在纽约办的一场研讨会。”一个朋友给了他参加这个活动的多余的门票。“戈丁讲述了一个名叫托恩顿·梅伊的男人的故事。故事的大意是，梅伊为一家信息技术企业拓展业务，他发现企业的技术总监之间通常缺乏交流。于是托恩顿开始在不同的大城市之间游走，致力于通过活动、早餐、晚宴等在这些技术总监之间建立联系。最初这中间没他什么事，但随着他名气越来越大，这些技术总监开始给他介绍业务。”[3]盖尼亚于是思考一个类似的策略对他是不是也会奏效，这可能会是他重建人脉和蹦出下一个商业灵感的一条出路。

于是他着手筹划晚宴。他的计划非常简单。盖尼亚感到企业家是商业活动中最孤独的一帮人。他们会孤独并非因为无人交流，而是因为他们鲜有机会和其他同行交流。他打算通过举办晚宴来改变这一切。当然，还存在一个问题：他当时认识的企业家并不多。他之前一直忙着缔造他的票务帝国，却忽视了对关系的建设。

由于没有一个企业家朋友圈，盖尼亚不得不去找一个。幸运的是，他有一个很好的名单可以从中挑选。在加拿大，《加拿大商业杂志》每年都会公布利润500强企业名单，盖尼亚对应名单上住得离他家近的企业家，给他们打去“无约电话”，解释来电意图。盖尼亚会说：

“我在给利润500强名单上的企业家筹办一场聚会晚宴，如果您感兴趣，请知会我。”他根本不记得自己打了多少个这样的电话，最终有8个人出席了他的第一次晚宴。

很快他的活动就初具规模，然而，盖尼亚差点就放弃了。他的理智占了上风。他回忆说：“晚宴开始前两个小时，我差点要取消整个活动。我很担心没人领会到活动的价值并且觉得我是在浪费他们的时间。”他担心再次被当成一个失败者。但事情的发展恰恰相反。那晚是个巨大的成功。从他宴请的宾客到场开始，他们的对话就一刻没停。盖尼亚相当于给这些企业家拉了个群，他们立马就意识到有一个小范围的业内人士的小群体的价值，在这里他们可以分享面临的挑战和获得事业上的建议——哪怕他们来自不同行业的不同企业。“他们有的来自科技行业，有的来自影视行业，还有人是做办公家具的。”盖尼亚说，“并且我从这一次的晚宴中体会到，为企业家们创造机会建立联系是一件令人振奋的事情，我可以用一辈子的时间来做这件事。”[4]

在又举办了几次晚宴并有了几次成功的经验之后，盖尼亚的“精英晚宴”的名气便不胫而走。想出席活动的人越来越多。之前的宾客会介绍新的宾客，同时盖尼亚也仍在给新的潜在的宾客打去邀请电话。但他同时也在摸索如何更快地扩大影响力的法子——不只是扩大他自己的社交圈子，还要扩大他正在构建的整个企业家团体的圈子。

不过，筹办这一切的花销正变得越来越大。盖尼亚要为这些晚宴买单，他身上还担负着上一次经营失败欠下的债，而新的钱并没有进来。盖尼亚说：“我的妻子、女儿和我勉强依靠美国运通公司的礼品券生活。”但对他而言吃这些苦是值得的。“我一直在想，银行可以没收我的汽车，可以拿走我所有的财产，但它们夺不走我的社会关系。”[5]最终，盖尼亚断定，那些关系会演变成一个创收的机会。他不知道的是，那些关系就是他要找的那个创收机遇。

在成功举办了几次精英晚宴之后，杰森遇到了一个独特的机会。一个很少在公众场合发表演讲的畅销商业书作家表示他愿意在任何活动上发表演讲，条件是活动组织方购买4000本他最新出版的书。不过这位作家显得很着急，想要马上达成这笔交易，也就是先到先得。起初，盖尼亚想到的是他的企业家网络中的一个可能会对此感兴趣的朋友。然而，他担心在他联系到那位朋友之前其他人会抢先应下这笔交易。所以，盖尼亚迅速给作家写了一封电子邮件并认购了这批书。现在他只需要找到84000美元来付这4000本书的书款。

盖尼亚思忖着他的人脉网络，他想到了三个对帮他筹划一次活动感兴趣的新朋友，并且认为他们能从这笔购书投资中获得回报。第一个人在盖尼亚无法提供任何估算或预期收益后回绝了他（这个商业想法不过才诞生数个小时）。第二个人对这个想法很感兴趣，但只有当它是实现一个更大的商业蓝图的第一步的前提下才会投资（但盖尼亚并不知道这个想法能产生多大影响）。第三个人是理想人选。他认真听了盖尼亚的讲述，然后回复说：“明天来我办公室开支票。”他会贷给盖尼亚这笔钱，但不订立合同，没有还款条款，只是一个握手协议。

有了这笔钱，买了书，盖尼亚拓展了他的精英晚宴的概念，并创办了一个他称之为“大师对话”的活动。想法很简单。正如过去的晚宴把十来个企业主聚到一起互相交朋友、谈事业，他的这次活动抱着相同的拓展社交和分享经验的目的，打算将聚会规模扩大到100名企业主。和晚宴一样，这次活动也相当成功。它不仅强化了这个集体中企业家之间的关系，而且筹划和执行活动本身就极大地拓展了盖尼亚的人脉。

自打那天起，盖尼亚就决定将“大师对话”办成一个年度活动。参与活动的企业家人数以 150 人封顶，并且头一年参加过的人中只允许约 75~80 人再度报名参加第二年的活动——其余的人会被鼓励将机会让给新人以壮大这个群体。这一“旋转门”机制极大地提升了盖尼亚拓展社交圈子的进度。盖尼亚说：“参与活动的新人中大部分都是经往届参与者介绍来的。”[6] 所以，每多一位企业家参与活动，盖尼亚的朋友圈就会扩大 2~3 倍，因为参与者还会推荐新的人进来。

杰森 · 盖尼亚并非一开始就是一个超级社交达人。事实上，他并不喜欢这个绰号。但如今他拥有一个超级社交达人才有的社交规模。他的联系人列表中已有上万人——相比他单身派对上“唯二”的出席者，这简直算是一次质的飞跃。随着“大师对话”活动的延续，盖尼亚的人脉圈也在自我成长，他再不需要为拓展人脉而主动出击。现在他认为，自己在借“大师对话”构建的这个精英群体中更多的是做精简和强化以提升人脉的质量，而非仅仅追求关系的数量。“在我再度‘出发’后的头几年，我是在狠狠地鞭策自己。我加入了其他的团体，参加交谊活动，尝试去做我能做的一切事情，和不同的人见面，”盖尼亚说，“现在我们已经到达了这样一个时刻，‘大师对话’活动的吸引力之大、往届宾客介绍来的新参与者之多，能使我的人际关系成指数地、有机地增长。所以我现在的关注点是精简它，和特定的人加深关系，在我身边搭建一个最优质的人脉圈子。”[7]

盖尼亚是如此注重人脉和关系建设，因为他变得手眼通天的奋斗历程教会了他关系的重要性。在首次“大师对话”活动之后，盖尼亚马上就有能力偿还 84000 美元的“握手贷”了。当他还钱的时候，他问了他的债主一个问题：“我当时背负 25 万美元的债务。我可能是你做出的最糟糕的一笔投资，你为什么要借钱给我？”这个企业家的回答很简单：他不是在投资一个商业想法，他是在投资盖尼亚这个人。“那一刻，两件事变得无比清晰。第一点是你永远不会知道你的人际关系的价值，直到你需要它的时候。第二点是当你跌落到人生谷底时，你身边只剩下两件东西——你的口才和你的关系。”[8]

除了这两个因素的重要性，盖尼亚的经历还描绘出有关关系和群体的一个令人吃惊的事实。当我们可能仰视那些有着庞大社交圈子的人并讶异于他们是花费了多少功夫来构建和维系这样大的一个人际网络时，真相是：随着时间的发展，这一切都会变得更轻松。随着你人脉的拓展，你人际关系数量的增长，你结识新朋友的过程会变得越来越简单。并不是因为你在做介绍方面更加得心应手了，而是因为其他人更可能会主动找上门来想要认识你。这是被关系学家称为“偏好依附”的一种现象，它解释了为什么交际越广的人越有可能保持这一优势，以及为什么随着时间的流逝，拓展人脉会越来越轻松。

富者愈富，广泛结交者交际愈广

事实上，人们不应该对其所拥有的联系人数量与其能够结交新朋友的概率之间存在的相关性感到惊讶。一段时间以来，我们一直在用像“富者愈富”这样的短语来说明优势一旦确立便会不断叠加。在社会学中，甚至有一个专门的术语来对应这一现象：马太效应。这个术语出自《圣经》中令人费解的一段文字，在《马太福音》中，耶稣说道：“凡有的，还要加给他，叫他有余；凡没有的，连他所有的也要夺去。”[9]

社会学家也对此产生了兴趣。事实上，这句《圣经》箴言最初就是被社会学家罗伯特·默顿用来描述人的名誉、地位，以及最终反映在资本上的优势累加现象的。[10]不过，在研究社交关系时，巴拉巴西和阿尔伯特发现，马太效应在人们拓展新联系的过程中同样存在。

让我们回想一下前一章中提到的，巴拉巴西和阿尔伯特正在研究人际网络规模的幂指数呈现。他们注意到，在许多关系网中，不同结点（或者说是个人）的连接数在量上差别很大。他们发现，关系网中一个结点与其他结点之间的连线，在数量上并不存在一个明确的、仅有轻度偏差的平均数值，相反，会符合一种幂指数的分布态，在这种幂指数分布态中，少数结点占据数量巨大的联系，而其他结点的连线数会急剧下降。

在发现了关系网中个体拥有的联系数量符合幂指数分布规律后，巴拉巴西和阿尔伯特想进一步探究这种现象背后的原因。到底是什么让那些交际本就广泛的人（“富有者”）更进一步扩大了他们在社交上的优势？我们很难从结果中找到答案，但关系学中个体社交范围受幂指数定律支配的发现为我们打开了困局。在巴拉巴西和阿尔伯特的研究之前，大多数关系模型被分配的固定结点连接数都是随机的，或者看起来是随机的。

为了给幂指数定律找出一个合理的解释，巴拉巴西和阿尔伯特给关系学领域引入了两个全新的概念。[11] 第一个概念是“增长”。大多数关系模型是静态的，似乎是定格在某一个瞬间，从不会变化。但真实世界的网络，特别是人际关系网络，是会演进的。它们时常发生变化，最常见的变化就是新人的加入。随着时间的推移，关系网必然会变大——而新人必然会和关系网中的某些成员产生联系。

第二个概念被他们称为“偏好依附”。假设增长一定会发生，而且增长总意味着新人必然会和关系网中的某些成员产生联系，那么在允许任意两人建立联系的前提下，新人更有可能和交际更为广泛的成员建立关系。假使一个人的社交圈子是另一个人的两倍大，那么他和新成员产生联系的可能性也会是另一个人的两倍。当新人加入一个网络，偏好依附假定他们更有可能结识那些在交际方面更为活跃的人而非那些处在群体边缘的人。

想想你自己的经历吧。不仅超级社交达人更倾向于向关系网中的其他人介绍最具潜力的对象，而且关系网中的其他人也更可能会把你介绍给那些超级社交达人。进入一个全新的集体当中并随机选定任意一个人，如果那个人更有可能和交际达人产生联系，那么最终你也会如此做。巴拉巴西和阿尔伯特将此视作一个真实世界的现象，并认为任何反映现实的关系模型都应该将偏好依附因素考虑进去。

在做出他们关于关系增长和偏好依附的假设后，巴拉巴西和阿尔伯特下一步就需要提供论据了。为了达到这个目的，他们想要利用知名的、被人信任的数据库。[12] 是的，没错，正如你所想到的，他们选取了“贝肯数”研究中用到的电影演员的关系网数据。此外，他们还对科学引文网络和万维网做了研究。

乍一看，将由相互连接的网站构成的一个网络作为研究关注的焦点似乎有些奇怪。毕竟，我们能够从一台联网的计算机上得到什么启示呢？但巴拉巴西和阿尔伯特是在 20 世纪 90 年代后期对万维网展开研究的，这个时期大多数网站间的连接仍然是手动建立的，即由人力完成的，就其本身而论足以代表人际关系建立的过程。在每种情况下，偏好依附都被证实是存在的。当新人进入关系网中，他们更有可能和那些已经是社交达人的人建立联系。结果是，最初一个演员、一个科学家，或者一个网站在联系数量上的微弱差距会随着网络的拓展而变大。巴拉巴西解释说："由偏好依附所导致的一种'富者愈富'的现象使交际本就广泛的人在不断有新成员加入关系网络的情况下，成功截取了不成比例的数量巨大的联系。"[13]

在巴拉巴西和阿尔伯特将他们的研究成果发表在著名的期刊《科学》杂志上之后不久，密歇根大学物理学教授、圣菲研究所教职人员马克·纽曼在更大的范围内检验了偏好依附的影响。[14] 纽曼收集了两个大型的科研数据库中近 6 年的出版数据，一个是物理领域的，另一个是生物医学领域的。将二者结合，他们的数据代表了近 170 万人。他利用这些数据构建了两个大型的网络模型（一个针对物理学领域，而另一个针对生物医学领域）。他尤其注重科学家们先前的合作次数以及合作对象的数量。果然不出所料，他发现了有关偏好依附的强有力证据。那些先前有过和多人合作经历的人更有可能被纳入新的合作项目中。当以图表的形式呈现网络中结点的联系数量时，这种偏好依附确实是我们所看到的幂指数分布曲线的最有可能的成因。换句话说，交际本就更广泛的人之所以能进一步扩大他们在社交方面的优势，是因为当新人进入一个关系网时，他们更有可能和那些已经高度联结的社交达人建立联系。

有趣的是，偏好依附似乎不只影响了个体的人际关系，类似的现象也发生在人们培养喜好和品味以及做决定的过程中。那些已然相当受欢迎的事物似乎在新人进入系统中并不得不做出偏好选择时会变得更受欢迎，这一点在马修 · 萨尔加尼克、彼得 · 多兹以及邓肯 · 沃茨的研究中得到了充分的论证。[15] 他们 3 个人设计了一个实验来研究爱好是如何培养出来并且随着时间的推移而不断加深的，以及在一件事物受欢迎的程度方面是否也存在偏好依附现象。为了这项研究，他们首先搭建了一个音乐网站，实验参与者可以注册加入，在线听 48 首歌曲，并随后能从上面免费下载歌曲。有超过 14000 人注册登录该网站。实际上，这 14000 多人加入的似乎是彼此镜像的 9 个“世界”中的一个。在第一个“世界”中，用户登录之后会看到一张写有歌曲名和乐队或艺术家名字的列表。（所有这些选项对他们而言毫无意义，都是些由不知名的乐队演奏的不出名的歌曲。）在另外 8 个“世界”中，用户将看到同样的信息，以及之前的用户对歌曲的下载次数数据。

通过构造这些不同的“世界”，萨尔加尼克和他的同事得以观察最初下载量的不同会否影响到在整个实验结束时这些歌曲的整体受欢迎程度。从理论上讲，如果一首歌曲的受欢迎程度单单是由歌曲本身的质量决定的，那么下载次数数据对用户开放的所有 8 个“世界”的歌曲受欢迎度应该同另一个“世界”的数据大体相当。高质量的歌曲应当更受欢迎，而低质量的歌曲的流行程度则与之相反。然而结果并非如此。

尽管所有这些歌曲的起点相同，后注册的用户却从早先听歌并下载歌曲的用户那里获得线索，从而有更大的可能性再去下载同样的歌曲。起初不同的歌曲在受欢迎程度上的微弱差别随着时间的推移逐步放大，而那些因微弱差别获益的歌曲在不同的“世界”的表现也不尽相同。在一个“世界”中，一首歌在实验结束时在歌曲热度排行榜上位列第 1 位，但在另一个“世界”它的排名就跌落到 48 首歌曲中的第 40 位。不过，在每一个“世界”中，起先下载量领先的歌曲在之后也保持了靠前的排名——富者愈富。

正如我们更有可能会被介绍给，或者说会主动请人把我们引荐给那些已然交际十分广泛的人一样，我们也更有可能会从身边的人那里得到喜欢听什么歌曲或者喜欢什么东西的暗示。这些发现令我们开始重新审视许多我们熟知的流行歌曲、卖座电影、畅销书和社会名流。上述作品或人物之所以拥有如今的影响力，或许并不全是因为质量或才干。相反，他们越来越受欢迎可能仅仅是受你认识的人的影响的结果，或者说得更为具体一些，是受你认识的朋友以及朋友的朋友的影响。萨尔加尼克和他的同事在实验室里清楚地证明了这一点。但仔细审视历史的话我们会发现，我们比想象的受偏好依附和社会舆论的影响还要大。

世界上最著名的微笑……
只因它是这个世上最著名的微笑

这个世界上最有名的一张女性面孔大概就是丽莎 · 盖拉尔迪尼的

脸了。[16]她的丈夫是一个富裕的丝绸商人，他委托画师给他的妻子画一幅肖像画。完成这幅肖像画用了段时间，但不论是盖拉尔迪尼还是她的丈夫都没有见过最终的成品。不过，他们也从没为这幅画付过钱。当画作最终完成的时候，已经是在接受委托的16年之后了，这幅画被卖给了法兰西国王弗朗索瓦一世。卖画的人是意大利艺术家和发明家列奥纳多·达·芬奇，而这幅画作就是《蒙娜丽莎》。它可能是目前世界上最出名的画作了，尽管列奥纳多本身还有一些其他的作品在声望上能与之匹敌。它就悬挂在法国巴黎卢浮宫博物馆内的一个可调节气温环境、完全防弹的展台里，每年有600万人前来观赏它，更有数以亿计的人会在从海报到咖啡杯、手提包以及T恤衫上看到它的仿制品。人们一直对着它拍照，它被临摹、被伪造，甚至还发生过更糟糕的事情（正如我们将要看到的）。

但或许关于这幅作品最离奇的事情并不是列奥纳多耗费了那么长的时间才完成它，而是过了相当长的时间它才出名。尽管画作本身是在1519年完成的，但随后的300年里它不过是欧洲皇室宫廷过道中一件再普通不过的装饰物。当然画本身并不是很不入眼——只是很平凡。当它最终在19世纪初被迁到卢浮宫的时候，依旧没有引起太多的关注：连列奥纳多本人都是直到19世纪中叶才被人们承认是一位非凡的画家。要不是因为一次大胆的“爱国主义”行为——一场偷窃的发生，《蒙娜丽莎》或许会一直默默悬挂在卢浮宫的大厅中，只有艺术评论家和历史学家才能够欣赏它的美。

1911年8月21日，一个由温琴佐·佩鲁贾领头的盗窃团伙偷走了《蒙娜丽莎》。[17]佩鲁贾是一名意大利人，并且有传言说，他对意大利传奇人物列奥纳多的一幅画作被一个法国博物馆收藏感到耻辱。[18] 前一天夜里，四个人悄悄潜入博物馆，佩鲁贾利用他博物馆翻修工人的身份安排他们潜进来。[19] 那晚他们躲在一间贮藏室里睡觉。第二天清晨他们醒来，趁着当天是一个全国性的节日，把画从墙上拿了下来，并匆忙由一个侧门离开。没人看到他们，并且就算他们的行踪被人发现了，他们也会假装只是普通的工人。没人注意到这幅画的消失，这部分是因为节假日的关系，部分是因为这幅画并不怎么出名，直到 26 个小时之后才发现这幅画被盗。

然后发生了一些有趣的事情。佩鲁贾和他的同伙确实偷的是一幅不怎么出名的画作，但《蒙娜丽莎》的失窃反倒让它一下子变得声名大噪。48 小时内，画作被盗的新闻就传遍了全世界。人们在巴黎四处张贴悬赏海报，警察局被围得水泄不通，流言和阴谋论此起彼伏。一些人叫喊着这整件事就是个骗局，其他人则宣称这是一个国际艺术品窃贼团伙和黑市收藏家的“杰作”。被每一条可能的线索整得焦头烂额的警方甚至讯问了巴勃罗·毕加索，他被认为是可能知晓如何追踪画作下落的诸多画家中的一个。值得赞扬的是，他们没漏过佩鲁贾本人。然而，他有办法把自己择出去，他宣称，出事的那天早上，他还没能从前夜的宿醉中清醒过来。

与此同时，这幅画被藏在佩鲁贾在巴黎的一处寄宿公寓里的一个带有活底的木箱下面。直到两年后，佩鲁贾搭上了一列前往意大利佛罗伦萨的火车，他到那里是为了见一个宣称有办法出售这幅画并放在著名的乌菲兹美术馆展出的艺术品交易商。[20] 这个商人以查验画作为借口在佩鲁贾住宿的旅店房间见到了他本人，随后马上报了警。

佩鲁贾被捕了，而这幅画最终又回到了卢浮宫。在重新对公众开放展示的头两天，它吸引了超过 10 万名观众。[21] 几年内，这幅画开始引起那个时代杰出的艺术家们的注意。1919 年，法国画师马塞尔·杜尚创作了一幅它的临摹作品，（恶搞地）为蒙娜丽莎添上了（下巴上的）小山羊胡和（上唇的）长髭，并留下了一段粗鲁的文字。[22] 西班牙画家萨尔瓦多·达尼将蒙娜丽莎替换成了他自己的肖像，并补上了和杜尚画的类似的胡须。美国艺术家安迪·沃霍尔更是选择《蒙娜丽莎》作为他利用绢印版画技术创作的作品的灵感源泉。从那时起，这幅画就被恶搞了上百次，有只有一条眉毛的蒙娜丽莎、宇航员蒙娜丽莎、蝙蝠侠版蒙娜丽莎，甚至还有一款乐高迷你版蒙娜丽莎。它还成了更多犯罪活动的目标——不再是盗窃，而是蓄意毁坏的恶劣行为，而且还是两次。尽管被恶搞、攻击，以及有众多受它启发而创作出来的仿制品，但《蒙娜丽莎》的名气却变得越来越大了。

尽管今天的艺术评论家和历史学家辩论着这幅画的意义——它如何独特地展现了列奥纳多高超的绘画技艺以及他在文艺复兴美术史上的影响力——但不能被忘记或忽视的一点是，这幅画在被佩鲁贾盗走之前一直是寂寂无名的。相反，正是因为偏好依附因素的影响，这幅画才走出默默陈列了几个世纪的一处不为人瞩目的角落，因一桩偷窃事件，名气一下子扶摇直上。而随后每一次对它的模仿再造，都使《蒙娜丽莎》被当作世界上最出名的画作而为更多的人所知。这就像萨尔加尼克的实验中那群能够看到歌曲下载量的新的参与者，或是加入一个关系网中的新人，被告知他们“一定要见见”那些在圈子里炙手可热的人物。

偏好依附对我们所做决定的影响比我们大多数人所意识到的要大得多。而这既是坏消息，也是好消息。坏消息是，构建一个关系网，或者为你的新品牌、产品或公司打响名气，会是一场向山顶冲锋的战斗。好消息是，随着时间的推移，它会变得越来越轻松。此外，正如下一章将要揭示的，哪怕只是在一个小范围的关系网中，要想利用偏好依附使自己变得八面玲珑（或者至少看起来像那么回事），也是有可能的。科学研究得到的证据和事例证明，最终那座高峰是可以被征服的，而且整个过程只会变得越来越容易。也许最初你得花大力气去推动，但当早期人脉建设的红利显现出来，你便能够逐渐轻松起来。

从理论到实践

正如杰森·盖尼亚所学到的，晚宴以及其他形式的大型活动是更快扩大你关系网的一个绝佳途径。它不像只和一两个人端着咖啡进行的简短交流，你能在一次长达数小时的共同用餐经历中结识十数人，甚至更多的人，从而拓展并加深联系。此外，晚宴能很好地发挥偏好依附效应，而不论你本身的圈子有多小。

你可以在你自己的城市或你自己的家中举办晚宴（或是午餐会），或者你可以在你前往联络老朋友（和认识新朋友）的旅途中所经过的每座城市筹划一场晚宴。为了确保你举办的活动能大获成功，下面是一些你必须考虑到的事情：

1. 活动规模：最少要邀请 6 个人。任何少于这个人数的聚会都会让新成员在老伙计叙旧的过程中感到被冷落了。最多不要超过 12 个人。任何多于这个人数的活动会造成参与者无法充分地和每位宾客进行交流。

2. 活动嘉宾：理想的情况是你同时邀请了老伙计和新朋友。你可以给你想邀请的人打电话或请一位朋友居中介绍。如果你不认识这样一个人，那么就请你的客人再额外带一个人来——不是带他 / 她的爱人来参加，而是带一个所有活动参与者都能够通过认识他 / 她而受益的对象。
3. 活动地点：你居住的地方就是一个很好的选择，因为它足够舒适和私密，能让你的客人自在地互动。如果你在旅途中或者需要在一家餐馆内举办这场活动，事先一定要和管理人员协商好，确保选在一个安静的区域并有一张足够大的桌子（并且要让每个参与者清楚活动的账单是怎么在每个人当中分配的）。
4. 活动频率：如果这是你第一次举办这样的活动，不要考虑太多。然而，一旦你尝试组织过一次并且成功了，你需要考虑你想多久组织一次这样的活动（每周一次？每月两次？每月一次？还是每季度一次？）。仅组织一次是不足以发挥偏好依附效应的。

在线练习

如果你正打算前往另一座城市并决定举办一场活动，你已有的社交媒体账户就能帮上大忙。大多数社交网络服务都提供根据城市查询社会关系的服务，交流的便利使这些平台成为筹划活动的一个绝佳媒介。通过这种方式发送邀请,甚至开始和新的被邀请者见面都很方便。

完成这项练习要用到的模板，请访问 http://davidburkus.com/resources/，寻找“人际关系资源”并下载。

第八章

制造“大多数的错觉”

若我们想要在一群人中出名，我们常常认为我们需要认识这群人中的每一个，或者通过一个宣传媒介一次性让所有人都认识我们。然而，对社交网络的研究表明，恰恰是社群中交际最为广泛的那群人往往引导着整个群体对外界的看法。这意味着，只要我们把注意力放在经营一些正确的关系上，我们就可以成为无论到哪儿都很受欢迎的存在。

在动笔写第一本书之前，蒂姆·菲利斯基本上算是一个维生素推销员。天赋异禀的他还是跆拳道冠军、探戈舞的世界纪录保持者、投资商和几家大名鼎鼎的创业公司的顾问。但他本身并不算出名。菲利斯原先创立过一家互联网公司，公司的主体业务是针对运动员推销一种能增强大脑机能的维生素配方。之后他调整了业务方向，主要经营自动驾驶仪，并在一本他冠以“为了享乐和利益的毒品交易”之名的书中详细记述了这一过程。[1] 在他的出版商的建议下，书名被更改为《每周工作四小时》。现在菲利斯面临着一个真正的挑战。他刚踏入图书销售这一陌生的行业，所以他过去的成功经历中没有一个能够在他推销这一新产品时帮到他。

不过，菲利斯有一个只需用最少的努力就能获得最佳效果的计划。他很明确他的目标受众群体。“18~35 岁的男性都是‘科技控’，”他回忆说，“部分是因为我也属于这种人。”[2] 因此他很清楚他不需要像大多数新锐作家一样垂涎于得到大媒体的关注。他不需要《纽约时报》来对他的书评头论足，或是想方设法让《早安，美国》电视节目给他做一期专访。相反，他奔着小众媒介平台去了。“我选定了几个主要的传播渠道，通过在这些平台的宣传我可以得到一种回声效果。”他解释说，“这么说吧，通过鉴别，我选出了 10~15 个博客平台，并且只要我在既定的时间内在其中一半的平台上推介我的书，那么我将创造出一种假象，也是某种程度上的真实，那就是我似乎无处不在。”[3] 他相信只要他把握住每一个可能的宣传噱头，他就能让 18~35 岁的男性“科技控”时常注意到他，但事实上他并没有真的这样做。

于是菲利斯鉴别出他的确切目标：10~15 个在那群人中最受欢迎的小众网站，并聚焦于和这些网站打交道。他会出席它们举办的会议，和网络作者一起喝几杯，询问关于他们个人及其作品的诸多问题。他说：“我从不表现出我知道什么样的作品才是你的粉丝所喜闻乐见的，从不。”但最终这些人会对菲利斯正在从事的工作产生兴趣。他便告诉他们，他正在写一本书，然后简单向他们介绍书的内容，并主动提出寄给他们一本样书。“就是这样，”他回忆说，“这就是我的商业计划。”[4]

这招奏效了。绝大多数记者开始写有关菲利斯或关于他书中某个理念的文章，并且他们大多数是同时做出的报道。菲利斯通过媒体在那群 18~35 岁的男性“技术控”当中制造了一种假象，好像一下子到处都有他，到处都是他的观点。最终，他声名远播。他的书成了畅销书，引来了铺天盖地的宣传，最终使得《纽约时报》为他的书写了一篇书评，而他本人也接受了《早安，美国》电视节目的专访。菲利斯成功让自己变得像是“无处不在”，但事实上他并不需要真的去过所有这些地方。

而他并不是唯一凭借这种做法获得成功的人。企业家安德鲁 · 戴维斯利用了一种类似的策略推出了两项业务，并成功在一段很短的时间内使它们获得了指数级的增长。

戴维斯的职业生涯最初发端于电视行业，小时候他就是商业广告的儿童演员，成年后担任了吉姆 · 亨森公司的制片人和编剧。但他迅速转行干起了互联网创业公司。“1998—1999 年，是第一波创办互联网企业的热潮，”他回忆说，“当时我所有在电视行业的朋友都辞职干起了销售工作，并且他们挣的钱是我的 4 倍。我感觉我认识的所有人都是这样。”[5]

于是戴维斯也离开了电视行业，加入一家创业公司。他说：“就是在那里，我学会了如何将我在电视行业获得的技能应用到市场营销中。”他看到许多市场营销人员做得并不好，于是，没过多久他就辞职单干了。2001 年，他创立了一家名为“引爆点实验室”的市场营销机构。他和他的员工有关于叙述故事和营销内容的绝佳创意，但他们缺少顾客。像众多刚起步的企业一样，戴维斯和他的引爆点实验室选择承接所有找上门的生意，目的仅是简单地要把公司做大。但在经过几年的无规划发展后，他们感觉有必要舍弃一些东西。“我们决定，今后的业务要更加聚焦，因为我们在雇用更多的人，而我们正为那些我们并不真正喜欢的客户做着不相干的工作。”戴维斯说，“所以我们做出决定，在公司发展和业务拓展上要走一条更具战略性的道路。”[6]

那条所谓的战略性道路就是选出特定的行业，并且只和这个行业的企业对话。照字面意思，就是要在它们的会议和活动中和它们的人交流。戴维斯已经看到，在会议上发言是招揽更多客户的一种有效方式，但引爆点实验室先前漫无目的的做法使他们在不同类型的客户之间奔波，而始终无法真正树立起人人推崇的企业形象。

他们选出的第一个行业是住宅建设行业。“那是在 2009 年，住房市场大幅缩水，”戴维斯说，但因此也暗藏机遇，“他们当时正艰难摸索着，想从一个市场营销的角度出发厘清他们要做的事情，而我们认为这是我们脱颖而出的一个绝佳机会。”[7]

戴维斯把目光放在住宅建设领域最大的行业出版商身上，并主动和杂志的编辑搭上了关系。然后他这样阐述自己的目的：“听着，我知道你们马上就要举办你们的年度活动了，我也清楚你们的预算有些紧张。我想在你们的年度活动上发言。我会说很多，不过我从未在这种场合发过言，所以为了降低你们的成本，你可以只帮我支付差旅费就好。”[8]这种方式奏效了：戴维斯获邀在活动中发表主旨演讲。他将在为期 3 天的会议的闭幕式上讲话——这恰是整场活动的高潮。

戴维斯第一天就出现在了会场上。“在两天的时间里，我参加了我所能够参加的每个阶段的会议，始终坐在观众席当中。”他笑着说，“我尽我所能学习有关这个行业的知识，我会学习这个行业里所有的缩写指代词和术语。然后我会把我在市场营销领域的专业知识用在他们的市场上。”[9] 他得到了回报。戴维斯的讲话反响很好，之后潜在的客户源源不断地来找他……其他行业的活动也邀请他做演讲。

戴维斯甚至发现他的策略不只是对活动有效。“如果你在一个出版社组织的活动上发表讲话，那么他们就总会在他们的网站和杂志上刊登关于你的文章，”他解释说，“并且他们会散播相关的视频，然后突然之间，甚至那些没有出席活动的人都开始邀请你去讲话，意识到你提供的服务或者你的专业知识对他们所处的市场的作用。”[10] 就像蒂姆·菲利斯赢得了科技控男性市场，戴维斯瞄准一个行业的主要发声机构而做出的小举动使他迅速变成了话题的中心。

引爆点实验室并不满足于此。第二年他们再次使用了同样的手段，不过这次，是在金融服务行业。再之后一年，他们又盯上了快餐和速食店；然后是旅游业。每一年，他们都将他们的专业知识应用于一个全新的行业，并且迅速成为人们最经常提起的市场营销服务咨询商。而他们做到这一点依靠的是每次都瞄准相关领域内最大的、联系最广的行业出版商，出席他们的活动，然后让演讲邀请和口口相传的口碑推动他们轻松地成为市场营销领域的翘楚。

到 2012 年，戴维斯已经将他大部分的工作时间用于参加这些不同行业的活动并为他的机构营造新的商机。也就是在这个时候，他再次转行并投身到一门全新的生意中。戴维斯将他的股份卖给公司，写了一本关于品牌和市场营销的书，并创立了一家只有他一个人的公司。一次联系一个人，戴维斯开始寻访他最初在各行业杂志结交的那些人并以此阐释他这次的提议。“我大致是这么说的，‘我写了一本书，并且我对你的行业已经相当了解，而你对我也很熟悉；你听过我的演讲，只不过我不再免费做演讲了’。”[11]

令他意外同时也很开心的是，这个策略奏效了。越来越多的演讲邀请找上他，很大程度上是因为当人们辗转于不同活动中的时候听说了这位专家的事迹。有时，他会从邀请他演讲的客户那里听说他是同时被三个不同的人推荐来的。戴维斯说：“他们给我的感觉就像，‘哇，我昨天才从另一个人那里听说有关这家伙的事情。我之前从没听说过这个人，但现在每个人都和我说他们正在读他的书’。”[12]

和蒂姆·菲利斯一样，安德鲁·戴维斯的经历也是这一奇怪现象的现实印证：似乎无处不在，实则并没有到过所有这些地方。菲利斯和戴维斯的经历表明，即使你不是出于卖书、做演讲、企图达成一项长期的市场营销合约的目的，你也可以给一个人或一个团体制造这样一种印象，即你就是交际最广或者最有名的那个人，哪怕事实并非如此。对社交网络的研究似乎也支持这一点。事实上，我们习惯于根据我们周边的社交关系的态度做出对他人、产品或趋势的判断。

但也存在这样一种可能，同样是身边的这群人会误导我们，使我们得出与实际不符的、某样东西非常受欢迎的判断。它就好比视觉上产生的幻觉。研究人员称之为“大多数的错觉”。

事实上，大多数人并不这么想

为了理解“大多数的错觉”是如何产生的，我们首先需要重温一个我们已经讨论过的概念：超级社交达人。超级社交达人是指那些处在幂指数曲线最高点的人，他们的社交网络所涵盖的联系人的数量要远远超出平均数。大多数人具有相对数量较少的联系人，而只有超级社交达人才有着为数众多的朋友。超级社交达人除了可能使你感觉到与他们的朋友圈相比你的圈子规模根本不值一提，他们的存在还极度扭曲了人均社交规模的数值，使几乎每个人都感到与他们的同辈相比，他们的社交范围要小得多。原因很简单，普通人的社交圈子要远小于平均规模。在一个社交网络当中，大多数人所拥有的朋友和商业伙伴的数量要低于平均值。

这一现象就是那些研究社会关系的学者所说的“友谊悖论”。普渡大学社会学家斯科特·费尔德首先在他的论文《为什么你的朋友们有着比你更多的朋友》中提出这个悖论，指出友谊悖论发端于我们的乐观精神（或自我陶醉）的对立面。[13] 当接受问卷调查的时候，大多数人认为，他们的朋友比自己有更多的朋友。但当你在一个社交网络中抽取一个社群或一个集群作为调查样本时，你会发现，大多数人的交友数量一直低于平均水平。

为了更好地解释这一悖论，我们考虑用人的身高做一个类比。如果你是一个男性，并且你测量了所有你的男性朋友的身高，你会发现，男性的平均身高大约在 5 英尺 9½ 英寸（约 175 厘米）。如果你用你所有朋友的身高数据绘制出一幅图，你会发现这个 5 英尺 9½ 英寸基本处在图的中央位置，该点两侧的分布相当均衡（即我们之前讨论过的钟形曲线或者倒 U 形曲线）。但现在，假设你的一个朋友比你要高得多，不止高 1 英尺（约 30.5 厘米），而是比你高了将近 100 英尺（约 30.5 米）。这个人的身高将急剧拉高整体的平均值。他的身高会对所有人的平均身高产生毁灭性的影响，将人均身高的数值推升至一个比5英尺9½英寸高得多的高度。这样，你就可以确信，在平均身高上，你的朋友们要比你高得多——因为你杜撰的这个巨人朋友扭曲了人均身高的数值。

这就是社交网络中正在发生的事情。正因为有这么一小群人，他们有能力维持一个数量特别巨大的关系网，所以当你环视你的关系网络时，你会发现，就平均水平而言，你的朋友们要比你的社交范围更广。你可能相比于大多数人有更多的朋友，但那些超级社交达人的存在使你的社交圈子看起来比平均规模要小。

这种尴尬的局面因为社交媒体的发明而变得更糟。任职于麦吉尔大学的研究人员纳格玛·莫梅尼和迈克尔·拉比特，针对数以百万计的推特用户和数以亿计的博客用户展开研究。[14] 他们发现同样的幂指数规律也存在于在线社交网络中。一小群精英推特用户拥有数百万粉丝；相比之下，其他人的关注数量则要逊色得多。因此，这些推特平台上的“百万富翁”极度扭曲拔高了整体推特用户的平均粉丝数量。我们可以确信地说，你关注的推特用户所拥有的粉丝数量的平均数一定高于关注你的推特账户的人的数量（除非你碰巧有155657个关注者）。

超级社交达人的存在（以及人际关系遵循幂指数定律而非正态分布规律的事实）改变了我们对我们身边的社交网络的理解。但正如蒂姆·菲利斯斯和安德鲁·戴维斯所领悟到的，人们有可能利用这种扭曲来使自己看上去比实际更受欢迎或更抢手。

直到最近这种可能性才首次被由克里斯蒂娜·莱尔曼领衔的南

加利福尼亚大学的研究团队所证实。[15] 莱尔曼和她的同事围绕友谊悖论及以下观点展开了研究：因为人类无法看清整个社交网络的演变态势，故而我们不得不在互动产生的同时根据互动对象来调整和评估整个网络所做出的回应。考虑到这一点，我们有足够的理由相信，我们的社交网络中那些交际广泛的人可能会改变我们对一个观点或人物实际受欢迎程度的感知。

为了证实这一点，研究人员首先搭建了一个模型。这个模型展现的是一个仅有 14 个人的小规模社交网络，其中的人物关系是随机的，但每个人拥有多少数量的关系不是随机的。在该模型中，人物所拥有的关系数量被刻意设定成差距巨大的一组数字——从仅有两对关系到拥有半个关系网。他们随后从模型中选出三个“活跃”的人——他们对任何代表性特征的称谓，例如有着红色的头发，拥有一部苹果手机，或推荐安德鲁 · 戴维斯发表演讲。

当他们选择网络中与其他人交集最少的成员为“活跃”成员时，通过那些联系关联到其他活跃成员的数量就很低……不到模型总人数的一半。但当他们选择与其他人交集最多的三个成员时，便很容易营造出活跃的氛围——模型中的每个人至少同一个活跃成员有联系，大多数人与其中两人有关联，甚至有少部分人同这三个人都有联系。如果你正身处这个模型之中并尝试判断一个想法的受欢迎程度，那么你很有可能会听到多个人在谈论它。它看上去就像是所有人都在关心的话题，哪怕事实上只有三个人真正与之有关。这就像蒂姆 · 菲利斯和他用于宣传的科技类博客平台，突然之间少数人的声音成了在整个网络中最响亮的回声。

在小模型中验证了这一现象之后，研究人员最后扩大了实验规模。利用计算机模拟技术，研究人员构建了多达一万人的、全部有着不同的人物关联度的模型。结果不但“大多数的错觉”被证实仍是对的，而且在个别模型中，这一现象还因关系网规模的扩大而变得更加明显（因为更大规模的关系网络也意味着每个人在所拥有的联系人数量上存在更大的差异）。

在一台计算机中构建模型是一回事，在现实世界中予以验证是另外一回事。研究人员需要证实，同样的现象在关系网络规模由 14 个人变为 14000 人或者再到 1400 万人的过程中始终是存在的。为了验证这些，他们从三个网络中收集数据。第一个是高能物理学家之间合著学术论文的关系网络（正如我们所看到的，这是反映人物联系及合作情况的一个关系数据的富矿），第二个是社会新闻聚合平台 Digg.com 的忠实用户网络，第三个是政治类博客之间的链接网络。

在上述三个网络中，他们只研究互联关系。在每种情况下，“大多数的错觉”都存在。或许最极端的案例存在于政论写作领域。“该现象最广泛存在于政治类博客之间的链接网络，”他们写道，“多达 60%~70% 的网点链接到大多数活跃着的相邻网址，即使仅有 20% 的网站真正处于活跃状态”。[16] 仅有 20% 的政治类博客会生产观点，而该网络中任一给定的网站都会给人这样的印象，即大多数网站都认同这一观点。换言之，“大多数的错觉”阐释了，误导一个特定的群体使其相信某样东西的真实性以及外界对其认可的普遍性有多么容易，而事实却恰恰相反。

就像友谊悖论，“大多数的错觉”之所以会发生，是因为关系网络中不同的人所拥有的联系人数量存在巨大的差异。那些与外界没什么交集的人，看到他们与外界联系更为紧密的同事提出了一个观点或跟随着一股潮流，就下意识地认为这种观点已经被普遍接受，哪怕事实并非如此。这会让他们感到同侪压力（即使事实上这还未成为同伴的普遍观点），从而使这一观点或潮流被更广泛接受。于是“大多数的错觉”就成为一个自我实现的预言。而我们虽然已经见识过像蒂姆 · 菲利斯和安德鲁 · 戴维斯这样的人是如何利用它来制造一种能够自我实现的受欢迎的错觉，但事实上，下面这家公司才是利用“大多数的错觉”来快速拓展业务的最大受益者。这么说毫不为过，或许利用“大多数的错觉”来达到目的的最典型的案例就是世界上最大的在线社交平台——脸书。

世界上最大的“小社区”

脸书不应当成为世界上最大的在线社区，至少起初的时候不能。最初，它只是哈佛大学的本科生马克 · 扎克伯格和他的几个朋友在宿舍里鼓捣出的一个不起眼的项目。扎克伯格 2003 年 9 月入学哈佛大学并迅速着手将他那些有趣的想法变成软件和网站。[17] 在入学后的第一周，扎克伯格就写了一个名为“课程匹配”的程序。这个程序背后的想法是要给他的同学提供一种有趣的选课方式，这种方式就是根据其他选择了这门课程的人来判断这门课程的价值。学生们可以点击一门课程来查看报名这门课程的所有人的名单，或者点击一个特定的人来看看他 / 她还选择了哪些课程。“你想不想知道那个选修美国历史的可爱女孩还选了哪些课程？没问题，‘课程匹配’可以告诉你。”这是一个在哈佛大学里身份意识较强的学生当中颇受欢迎的程序，他们并不根据一门课程的内容或授课教师来评判该课程的选修价值，而是更在意他们的圈子里都有哪些人报名了相应的课程。有上百名学生立刻就注册成为“课程匹配”的用户。这个程序大受欢迎。然而，扎克伯格的下一个项目就没有这么好的运气了。

面对用户热烈的反响，扎克伯格着手开发一个他称之为“脸输”（Facemash）的程序。当时，哈佛大学的每间宿舍都有一份网络“花名册”（肖像集），只不过这本肖像集的质量确实让人不敢恭维，不比一本中学的毕业纪念册好到哪里去。它上面附有学生的照片，为的是方便他们更快地熟悉彼此。扎克伯格决定利用这些照片来抛出一个更为尖刻的问题，尤其是要在 18~19 岁的大学生中引发一场“风暴”：谁是这座校园里最性感的人？为了实现这个目的，扎克伯格编写了一个与象棋选手排名程序相似的计算机程序。它的运算原理在于，每当两位选手展开“对弈”，结果就会反映到排名上。他要做的就是根据他所能收集到的线上肖像来给肖像的主人排名。每个宿舍的线上肖像集的网络隐私防护是有差别的。有些照片是公开的，而有些就靠他从远程黑入网站窃取，还有一些照片则是他悄悄溜进别人的宿舍通过宿舍的私有网络获取的。

在不到 8 个小时的时间里，扎克伯格就搭建起一个“能将两个同性别学生的照片并排摆放并允许浏览者通过点击选出他们认为外貌更有吸引力的人”的网站。被选中的学生的排名会上升，系统会自动为他们匹配其他的、更有竞争力的“对手”。虽然网站一炮而红，但它在整个校园里引发了轩然大波。在受到强烈抵制之后，他在学校也变得声名狼藉。扎克伯格放弃了这个项目，将目光转移到下一个项目上。而这个新项目将让他的名气达到他不敢想象的高度。

受到像友人网（Friendster）和聚友网（MySpace）这样火爆的新兴社交网站的启发，同时也像某些人说的，受到他在卡梅伦和泰勒·温克尔沃斯手下做的一个项目的启迪，扎克伯格和他的一众朋友创立了一个新型的在线社交网络。2004 年 1 月，扎克伯格注册了 Thefacebook.com 的网址域名并开始搭建网站。他和他的朋友融合了“课程匹配”和“脸输”的元素，创造了一种通过邀请用户创建他们自己的个人档案——涵盖了爱好、兴趣，甚至罗曼史——用于社交的服务。这项服务还有一个特点，它可以直接通过电子邮件邀请你的朋友加入。2004 年 2 月 4 日，网站上线并等待着被人们发现。起初，他们只针对哈佛大学的师生开通这项服务；个人档案只能够通过哈佛大学的校园邮箱创设。在哈佛的校园里，这项服务的用户成指数级增长。到 2 月底的时候，已经有 10000 名哈佛大学用户创建了个人档案。[18] 这不足为奇。

随着越来越多的用户加入这个平台，这项社交服务也不失时机地鼓励他们给他们的朋友寄去邮件，邀请他们也加入其中，但还仅仅只能邀请他们的哈佛校友。没过多久，那些非使用者就看到他们的收件箱里充斥着邀请函，或至少看上去已经像是被邀请函给淹没了。不出所料，一旦少数交际达人在脸书上拥有了个人档案，“大多数的错觉”便产生了，突然间，似乎哈佛大学里的每个人都有了一个在线档案——这么看来，他们也应该创建一个。

即便“大多数的错觉”可以很轻易地解释清楚为何这个平台会如此火爆，但平台用户的病毒式增长甚至把扎克伯格都吓了一跳。“起初，我们没想过要把它办成一家企业，”扎克伯格回忆说，“我们没有足够的资金来运作这家公司。”[19] 但平台刚起步就取得了令人惊艳的成功，这传达出某种利好的信号，于是到了2月底，他们决定把服务拓展到哈佛校园之外。

不像众多相似的网站，脸书并不只是简单地将大门对所有人敞开。当友人网和聚友网选择对几乎每个想要加入它们平台的人敞开时，扎克伯格和他的团队决定以一种相对缓慢和可控的方式扩大他们的业务规模，他们将用户限定为几所特定大学的在校生。在轻松“占领”哈佛校园后，2004年2月底，脸书相继对哥伦比亚大学、耶鲁大学和斯坦福大学开放服务。这种刻意的“一次一校”策略部分是为了（腾出时间）解决隐私安全顾虑，部分是因为想要保持有节制的增长速度。不过正如“大多数的错觉”所产生的影响，这种策略或许正是脸书最初能够取得令人艳羡的用户增长的原因。2月26日，网站对斯坦福的学生开放，不到一周，全校就有半数以上的本科生注册了脸书账号。

尽管那并非他们的本意，而且他们很可能根本没有意识到这一点，但“大多数的错觉”还是在脸书的扩张上发挥了一定的作用，因为这种逐个学校“登陆”的商业策略，放大了用户的增长效应。同样是做在线社交平台的竞争对手友人网和聚友网，从一开始就对所有人开放。表面上大家做的几乎是一样的事情：某个你认识的人会给你发来一封邀请函，你可能（也或许不会）点开邮件访问网站并创建一个账户，之后是注册登录并尝试找出那些已经拥有账户的朋友。不同的是，脸书并不是让你在茫茫人海中找寻出少数你确实认识的人来，相反，你是通过在你真实生活中校园社交圈子的一个网络版呈现平台来进行检索的。

此外，人们可能会以不同的方式来对待加入脸书的邀请函。如果你的收件箱中突然涌入四五封邀请你成为脸书好友的电子邮件，而这些邀请又都来自你认识的在校园中比你人际关系更广泛的人，那么你加入这一平台的概率就已然相当高了。

脸书的经营团队在选择特定的学校作为扩张目标的时候也运用了“大多数的错觉”。[20] 事实上，他们的战略更像是直接将蒂姆 · 菲利斯的剧本生搬过来（这样说也许更准确些，是蒂姆拿走了属于他们的剧本，因为他们是更早的实践者）。如果一个目标学校对他们的“扩张”予以抵制，又或者一个竞争对手的网站已经在这个学校立住了脚跟，他们不会直接竞争。相反，他们会对那所学校以及它所在学区的尽可能多的其他学校开放服务。

举个例子，当他们想在贝勒大学立足的时候，他们发现这所学校已经有了一个相似的“本土”社交服务网站。所以脸书突然向在阿灵顿的得克萨斯大学、得克萨斯农业与机械大学以及西南大学开放了服务，为的就是在贝勒大学所在的韦科市形成一个包围圈，制造外在的同侪压力，以至尚处于高中阶段的那些受欢迎的和善于交际的学生都能够给他们在贝勒大学里的朋友联系，向他们发出加入脸书的邀请。再一次，“大多数的错觉”发挥了作用，这次不仅是制造压力“迫使”人们加入，而且也促使他们放弃了旧的社交服务。

最终，脸书（如今已经去掉了网站名字中的“the”，以及“在线社交服务的领跑者”的称号）向所有人开放了服务，而不只是针对特定学校的大学生。不过这还得归功于“大多数的错觉”，在数量庞大的用户创建了脸书账户并且最初使用脸书服务的人已经从大学毕业踏入更广阔的社会之后，这才得以发生。这群关键的用户在参加工作后数量仍然很可观，甚至大到足以在 20 多岁的科技控中构成大多数——或至少是多数。

不论你是正打算出售一件产品或是寻求一个对你而言很重要的潜在客户的注意，“大多数的错觉”教会我们：很多不知名的企业、品牌，甚至是人，只要选对了早期受众，就能够做到看似有众多拥趸的样子。这种“大多数的错觉”随之就会成为一个自我实现的预言，将无名之辈变成闻名遐迩的大人物。

从理论到实践

“大多数的错觉”是一种反常现象，但如果你正打算建立某种关键的联系，它可以帮上大忙。一般人往往首先根据本地关系网中的社交达人来迅速掌握流行事物和风云人物的信息。如果你试图和某个特定的人搭上关系，对“大多数的错觉”的研究表明，最好不要仅仅依赖你可能认识的某个人来牵线搭桥。

与之相反，重点应放在研究目标人物身边的关系网，寻求建立其他的联系。想想看你们之间已经有多少个共同的联络人，并想想他们当中谁更适合作为引荐人。你可以仍然依赖特定的人来推荐，但同时也可以谋求其他的共同联系，坦诚告知你与他们结交的目的，并询问他们是否愿意为你说上一句好话或至少在被问及时说一些好话。最终，如果在目标人物的亲密圈子里同时有多个人在谈论你，并且那个交际最广、最受信赖的人为你引荐，那么你就有很大可能和目标建立联系。

在线练习

在社交媒体的时代，“大多数的错觉”变得更为重要。如果作为一个陌生人，你想和你所处行业或组织的一个关键人物建立联系，并总是期待由他/她首先对你产生兴趣并希望他/她是从网上获得关于你的信息，那么你可能得先做到能通过谷歌搜索到你本人，你个人的社交媒体档案能被检索到，尤其是通过共同联系人检索到。幸运的是，社交媒介平台也是你能找出联系到目标的最佳方式的地方。在脸书或领英上查找他/她，会出现几个共同的联系人，而这些信息对勾画出对方的关系网和制造一种“大多数的错觉”而言是至关重要的。重要的是，这些信息甚至能告诉你是否能成功制造“大多数的错觉”。如果你们之间不存在共同联络人，并且你们之间真的只能够通过“朋友的朋友的朋友”建立联系，那么你们很可能还不到建立联系的合适时机，最好等到你自己的社交圈子进一步完善之后再联系。（在你等待并扩大你社交范围的过程中，你甚至有可能惊奇地发现联系自然而然地建立起来了。）

完成这项练习要用到的模板，请访问 http://davidburkus.com/resources/，寻找“人际关系资源”并下载。

第九章

抵制趋同诱惑

我们往往认为拥有一个庞大的关系网自然意味着我们拥有了一个赖以获取多元信息的渠道。然而，最新的研究表明，关系网中的人往往会被志趣相投的人所吸引，并且我们可能遇见的大多数人已然和我们有着相似的思维模式。这意味着，简单尝试结识更多的人将无法为我们提供用以做出更好决策和寻求更好机会的多样信息。事实上，这种方式甚至可能导致我们做出灾难性的选择。

2016 年 11 月 8 日，唐纳德 · 特朗普的胜选震惊了美国。确切地说，唐纳德 · 特朗普的胜选令半个美国感到震惊。

当天，美国东部时间 21：20 左右，民调专家、数据科学家和媒体权威人士忙不迭地对之前的大选预测结果做出了颠覆性的调整。[1] 在几乎整个大选期间，甚至包括大选当日的大部分时间里，美国社会似乎达成了一种共识，即特朗普的竞选对手希拉里 · 克林顿将赢得选举，成为这个国家第一位顺利问鼎总统宝座的女性。随着越来越多的州的投票结果出炉，尤其是那些位于中西部“铁锈地带”的州，特朗普胜选的概率看上去越来越大。截至午夜时分，当天上午还信誓旦旦地宣称希拉里赢定了的“预言家们”，纷纷转向给特朗普打出了 90% 以上的胜选概率。[2] 凌晨 1：39，美联社预测特朗普将拿下宾夕法尼亚州。下一刻，专门从事政治事件走势预测的网站“五三八”的创始人、2008 年大选期间成功预言了 50 个州中的 49 个州的选举结果以及在 2016 年正确预测了所有 50 个州选举结果的预言家纳特 · 西尔弗对这条新闻做出了回应：“美联社事实上已经认定总统宝座是特朗普的了。”[3]

大约一个小时以后，西尔弗，他在那天早上还只给了特朗普 28.6% 的胜选概率，[4] 在他的网站上发文称：“就这样吧，唐纳德 · 特朗普已经当选美国总统了。”[5] 尽管西尔弗小心翼翼地解释说，民调显示两人的支持率不相上下，而希拉里在选举人团中略输一筹，但他也坦言这一结果“是他平生感到最震惊的大选结果”。[6]

可以肯定的是，纳特 · 西尔弗不是唯一感到震惊的人。大多数预测机构都更青睐希拉里，其中有不少人比西尔弗的态度更为坚定。[7] 根据《公共关系周刊》所做的调查，整个预测市场都更偏向希拉里，同样，大部分公共关系和传媒专家也持这种立场。[8]《纽约时报》在大选前数周就宣称，希拉里“注定能轻易地取胜”。[9] 就在大选日前几周，哈佛大学的教授们还认定希拉里会胜选，并讨论该如何为特朗普的支持者们“构建一个泄愤的渠道”，他们已经在想办法降低可能由特朗普的支持者们引发的冲击。[10] 长期担任众议院民主党领袖的南希 · 佩洛西步子迈得更远，早在 6 月就宣称其对民主党“取得压倒性胜利”非常有信心，她意指民主党议员将再度赢得参议院，在众议院也将获得更多的席位。佩洛西曾不无嘲讽地称候选人特朗普是“不断给我们创造赢面的天赐礼物”。[11] 即使是在希拉里竞选团队内部，大选日当天也都认为胜利是板上钉钉的事，希拉里团队的竞选助理们周二早些时候还在竞选用的专机上开香槟提前庆祝。[12] 似乎所有人都在告诉彼此，希拉里胜选是肯定的了。

在大选结果出炉后，在那些对选举结果感到失望的人群中最普遍的一种情绪就是震惊。“结论是如此的肯定，事实怎么会是另一副样子？我们认识的每一个人都认定希拉里会胜选，在这种情况下，我们怎么会搞错？”一些人甚至开始疑惑，他们认识的人当中没人投票给特朗普，他是怎么赢得大选的？[13] 尽管人们事后感到震惊和诧异，但其实预示特朗普胜选的迹象绝对是存在的，只是他们没有注意到罢了。

希拉里的竞选团队也曾对“铁锈地带”的几个州的选情有过担忧，尤其是担心密歇根州的情况。但那些警告过于软弱，没有引起重视。大选前 10 天左右，美国服务行业雇员国际工会开始陆续收到密歇根州传回的令人担忧的报告。[14] 工会的领导层决定从艾奥瓦州的竞选团队中抽调志愿者到底特律以加强那里的竞选力量。但即使他们已经在预订酒店房间了，希拉里的竞选总部还要求他们留在艾奥瓦州。竞选团队肯定他们能够以 5 个百分点的优势拿下密歇根。

事实上，竞选团队中并非所有人都对胜选如此确信。杰克 · 沙利文，希拉里的政策主管，是核心圈子里唯一表达过希拉里可能会输掉大选的成员。[15] 沙利文曾不断劝说团队中的其他成员将更多的时间和精力用在密歇根和其他几个中西部的州上。沙利文的担忧并没有被反驳……它们只是被忽视了。整个核心圈子都忙于确定将哪些传统意义上被共和党势力盘踞的州划入他们的版图。整个民主党竞选团队存在一种压倒性的观点，即密歇根，以及整个大选，都已经落入他们的囊中。

无疑，特朗普竞选团队的大部分数据和评估都指出，胜选的可能性微乎其微，但他们还是保持了谨慎乐观的态度。[16] 而大选的情势确实要比大部分人眼中看到的表象更为胶着。在大选当日，“明晰政治”，一个持续收集包括国家层面和各州层面的民意调查结果的机构，在它的网站上显示希拉里在选举人团中仅有两票的优势，而民主党这边的大多数州的选举人团票实际上是在民调误差的范围内。[17] 显然，许多人只看到了他们想要看到的事实。

或许对大选预测最著名的要数自由派人士和电影制作人迈克尔·穆尔了。早在大选日到来前数个月，甚至早在特朗普和希拉里被他们的党派正式提名为总统候选人之前，穆尔就在一次采访中说：“我知道，他们（指特朗普的竞选团队）正计划将重心放在密歇根州、俄亥俄州、宾夕法尼亚州和威斯康星州。那才是他能够赢得大选的关键……只要他能够拿下像密歇根这样的州，他就有望问鼎总统宝座。”几个月之后，在 7 月份，穆尔又强调了他的断言，他坚持认为，特朗普将获胜。

他的断言成真了。尽管过了相当长的时间大选才尘埃落定，但最终特朗普赢得了俄亥俄州、宾夕法尼亚州、威斯康星州，甚至还有密歇根州。穆尔是怎样在那么多人都没有预见到的情况下预判到这一点的呢？首先，穆尔来自密歇根州，而且他仍旧在那里工作和生活。他早期的电影作品就关注生活在密歇根以及其他铁锈地带的工薪阶层的经济困境。虽然有如此多的专家引用人口和其他方面的变化来说明铁锈地带的工薪阶层在某种程度上并不会对选举大局造成决定性的影响，但穆尔有亲身经历，他清楚蓝领群体在大选中是多么强大的一股力量。但他的预言并没有被认真对待，或者，被认为是不可信的。

对大选结果感到震惊的美国媒体开始反思为何他们没能预见这个趋势，而像迈克尔·穆尔这样的人却预见了。随着时间的推移，人们逐渐达成了一个共识，确实，他们当时不明白该如何解读事件和数据，因为他们选择对反对的声音充耳不闻。

警告确曾有过。在大选日前数月，《纽约时报》的专栏作家戴维·布鲁克斯（一个保守主义者，他仍认为特朗普几乎没有机会赢得共和党的总统候选人提名）曾给出过一个关于“为何人们甚至没能预见特朗普会被提名为共和党总统候选人”的解释。布鲁克斯写道“我们料想特朗普会失败，因为我们和他的支持者之间没有任何交集，而且我们并没有用心倾听他们的声音。”[18] 布鲁克斯是第一个，但绝不是最后一个承认没能与政见不同者充分交流以理解他们的观点或注意到特朗普胜选势头迹象的人。玛格丽特·沙利文是《华盛顿邮报》的一个专栏作家，她承认“我们没把他们当回事，或者说在对待他们的问题上还不够认真”。[19] 大选结束后两天，哥伦比亚广播公司新闻部负责政治新闻的记者威尔·拉恩坦言：“我们也忽略了这些迹象，花了数月时间嘲笑那些比我们更清楚正在发生什么的人”。[20]

与此同时，迈克尔·穆尔对正发生在他的家乡的事情享有重要的发言权。其他人要么在地理上，要么在思想上（与该地区的人）存在隔阂，因而没有产生任何疑虑。但这样的隔阂又是怎么形成的呢？是否真的存在这样的一种关联，即你生活的地方不仅会影响你的世界观，还影响着你对世界上其他地区的看法？有证据表明，二者之间确实存在密切的联系。而这种关联影响着我们所有人。

21 世纪初，记者比尔 · 毕晓普和社会学教授罗布 · 库欣开始研究一个看似奇特的现象：不同社区正变得越来越两极分化，要么更加保守，要么更加自由。[21] 这不只是指那些移民至自由州或保守州的人，更准确地说，这发生在各州和各城市中，在那里，人们似乎是基于他们的意识形态而形成了一个个社区。

毕晓普和库欣都居住在得克萨斯州的奥斯汀，这是一个保守主义者居多的州中一块相对自由的飞地。他们开始收集大选投票记录的数据，并按郡县进行分类。他们得到的证据足以验证他们的预感。在总共 3100 多个县中，存在着同一种模式。1948—1976 年，民主党人和共和党人相当均衡地混杂在一起，但在 1976 年大选之后，事情变得非常不同。这种变化产生的过程很短暂。移民的增多使人们开始不自觉地建构起身份的壁垒，开始出现所谓的泛蓝县（民主党人聚居的地方）和泛红县（共和党人聚居的地方），社会变得更加分裂。

举个例子，在 1968 年理查德 · 尼克松和休伯特 · 汉弗莱之间的那场两极分化严重、竞争激烈的竞选中，仅有 37.2% 的选民生活在所谓的“一边倒的”县里（即一个候选人以超过 20% 的大比例优势胜选的地方）。到了 2000 年，这一数字上升至 45.3%。[22] 整体而言，从 1976 年到 2004 年，两党在县这一层级支持率的差距在逾 2000 个县当中都呈现出扩大的趋势，而仅有约 1000 个县的选战变得愈加激烈。这种差别并不完全是长距离迁徙造成的，它不是简单的人们移居到泛红州或泛蓝州，即使在同一个州内部，人们都在不断往那些政治氛围令他们感到更为舒适的县迁移。

在加利福尼亚这个传统意义上由民主党执政的州中，有 30 个县逐渐成为共和党稳固的票仓，而两党只在 7 个县有实质较量。[23] 在另一边，同样的事情也在发生。在旧金山县，1976 年有 44% 的选民支持杰拉尔德 · 福特，但到了 2004 年仅剩下 15% 的选民还在给共和党投票。与此同时，该县的总体选民数量并没有改变，只要有一个共和党选民从这里迁走，就会有一个民主党选民迁入。

毕晓普和库欣甚至考证了“改变选举区划”——为在选举时获得不相称的优势而重新划分国会选区的做法——是否对整个美国社会的割裂也产生了一定的影响。[24] 有趣的是，他们找到的大多数研究表明，不公平地重新划分选区的做法实际上并没有让当权的政客们感到权力更稳固了，相反，他们的权位反而变得不那么牢靠。就他们研究的过去 30 年的情况而言，在两党势均力敌的选区并没有观察到重新划分选区之后立即产生的改变。简而言之，不是政客们通过改变选举区划将他们的支持者聚集在了一起，而是选民们为了选出更能在政治上代表他们的人而选择迁入新的选区。毕晓普写道：“美国的大部分地区和大多数美国人都参与到一场长达 30 年的、朝着更为趋同化的生活方式迈进的运动中。”很显然，他对他所观察到的这种现象感到困惑。[25]

社交网络的“大分拣”

但对一个关系学家而言，这种现象的出现一点也不奇怪。相反，这正是同质化运动行进过程中你将观察到的足迹。在关系网中，异类相斥，同类相吸。

保罗·拉扎斯菲尔德和罗伯特·默顿于20世纪50年代创造的“同质化理论”，用数据阐释了一句古老的谚语，“物以类聚，人以群分”。[26] 在人际关系中，这个理论预言，我们更有可能与那些和我们相似的人培养出亲密关系。在社会交往中，它断言，随着时间的推移，人际网络将不可避免地沦为一个个割裂的小群体。并且在经历了一次又一次的试验后，这一现象得到了充分的论证。社会学家不论关注哪个领域，从两性婚姻关系到同僚共事关系再到点头之交，是的，甚至政治关系中，都能见到同质化理论的“身影”。同质化理论很大程度上帮助解释了毕晓普和库欣注意到的大规模移民现象，即他们称为“大分拣”的运动。

但当它被用以阐释政治倾向的形成时，我们会看到，同质化趋向不仅影响到人们对生活区域的选择，还作用于人们愿意听谁的话、看什么书。2008年10月，组织分析师瓦尔迪斯·克雷布斯分析了亚马逊网站上的图书采购网络，利用消费者购买书本的记录作为这个采购网络的连接点。[27] 尽管他分析的这个网络聚焦于书本和其中蕴含的思想，而非实际的人，但你必须要牢记，是人在买书，不是思想。他的分析揭示出，在购买书籍的过程中存在着一种显著的分拣现象，采购领域不只有两个“山头”，而是三足鼎立的格局。购买宣扬共和党思想书籍的人与那些购买传播民主党主张书籍的人之间完全不会有联系。更令人吃惊的是，购买传播民主党主张书籍的人和那些购买有关巴拉克 · 奥巴马的书的人之间竟然也没有关联。虽然克雷布斯的分析预示着，奥巴马有能力联合两党的选民赢得大选，但同时也预言，奥巴马当上总统后，国会将是他施政的掣肘。

社会学家和关系学家在研究同质化现象方面已有了丰硕的成果，但鲜有人找到方法来探寻到底是什么引发了这一现象。人们会与那些想法与自己相似的人结为朋友是合乎情理的，因为维持这样一种关系要轻松得多。不过要说在这个过程中还有其他的因素在发挥作用，也是符合情理的。考虑到人们往往会从他们身边一个相当有限的小圈子里（举个例子，从他们一起工作的同事中或是他们朋友的朋友当中）选择朋友，甚至还包括挑选他们青睐的合作伙伴，所以一段关系中双方呈现出的相似性也有可能是受他们在社交网络中所处位置影响的结果。或者二者皆是原因。

这也正是邓肯 · 沃茨（是的，同一个邓肯 · 沃茨）和他指导的研究生格奥尔基 · 科斯奈茨想要回答的问题。首先，他们需要一个大型的网络作为研究对象。其次，它还必须是一个可供他们长期观察的网络，因为想要研究某些事物的缘起仅通过一段时间的简单观察是远远不够的。这正是先前的研究人员绞尽脑汁想要解决的一个难题。不过对科斯奈茨和沃茨而言，他们是幸运的，新技术为他们提供了一个解决方案。正如我们从结构空缺的研究中所了解到的，科斯奈茨和沃茨相信，电子邮件记录可以被用来粗略地描绘一个组织或社群的内部关系图谱。“往来邮件很大程度上反映出了真实的关系，”沃茨写道，

“所以利用往来的邮件观察潜藏在邮件背后的社交网络是可行的。”[28]

两人一起在一个学年的时间跨度里收集了美国一所规模庞大的大学中超过 3 万名学生和教职工的数据信息。[29] 他们不仅收集了往来邮件的记录，还收集了收发件人的信息（比如性别、年龄、专业、年级）以及他们的课程安排记录（不仅包括学生们选修的课程，也包括老师教授的课程信息）。他们共计收集了 700 多万条留言记录，并且这个数字已经是剔除掉了所有群发信息后得到的结果。

掌握了所有这些数据，科斯奈茨和沃茨便有能力构建一个社交网络的模型，并呈现出该模型在 270 天的时间跨度里（一个学年）是如何变化的。他们尤其关注随着时间的推移在该网络中形成的新的联系。利用这个模型，他们发现了一些了不起的东西。

同质化效应确实能够推演出哪些人会结为朋友。随着时间的流逝，彼此有共同点但尚不熟络的人要比不是同一类型的人更有可能成为朋友。然而，他们发现，人们在整个校园社交网络中所处的位置同样也有影响。大多数时候，社交网络结构中空间距离相近的人已然要比相隔遥远的人有更多的相似之处，甚至早在建立友谊之前就已如此了。综合来看，你在社交网络中所处的位置，即你和潜在交友对象的空间距离，似乎要比纯粹的相似性对你交友的选择有着更大的影响。

随着时间的推移，科斯奈茨和沃茨观察到，对有着相似点的人的微弱好感会随着社交网络格局的渐变而变得越来越强烈，社交网络会使相似的人越走越近，故而他们更有可能建立友谊。他们的研究结果表明，同质化效应是一个沉降的旋涡。起初微弱的好感很重要，而这些好感对人们未来的选择所产生的影响更凸显了人们对相似性的偏好。

这一研究结果也向人们阐明了同质化倾向的迷惑性。紧密地聚拢在一起，发出相似的声音、有着相近观点和品性的群体确实会使你对所处环境的认识产生偏差，会影响你，使你无法为自己和所属的组织做出最优决定。同时，待在一个紧密的圈子里也使你越来越难以接触到不同的声音、观点以及能够帮助你更准确了解全局的不一样的人。问题的本质在于，你的社交圈子影响了你的思维方式，还影响了你可能的交友选择，会影响你变得更好或更坏。

多样性是一个体系问题

对吉姆雷特传媒（Gimlet Media）的领导层而言，他们怕的是同质化效应会造成更坏的结果。吉姆雷特传媒是亚历克斯·布隆伯格和联合创始人马特·利伯开展的一项实验。布隆伯格有长期服务于公共广播事业的经历，他曾担任过热门节目《美国生活》的制片人，还曾是 NPR（美国国家公共电台）的一档播客节目《货币星球》的联合创始人。在《货币星球》工作的那段经历使布隆伯格对于播客和可下载音频（内容通常是纪实故事或采访）这一需求旺盛的新兴市场有了一定程度的了解。他同样看到听众对这种节目形式的支持。在《货币星球》通过一件 T 恤（在一连几集中录制了制作那件 T 恤的过程）筹集到超过 50 万美元的善款之后，他有了一个主意。[30] 随着越来越了解这一市场，他开始相信听众的投入暗示着一个巨大的机会。NPR 是一个非营利性质的、聚焦新闻报道业务的组织，但他清楚有几家营利性质的企业在播客领域确实也做得不错。NPR 像《美国生活》和

《电台实验室》这样的节目尽管也有通过无线电广播播送，不过它们还同时主宰着播客市场。

NPR因为对节目质量的注重而闻名遐迩，那么市场会否对同样基于追求质量而创立的一个营利性质的播客企业报以善意呢？只有一种方法能够知道答案。

2014年8月，布隆伯格创立了一档播客节目——恰如其分地取名为“新创”。这是一档关于创立一家播客企业的播客节目，他最初称这家企业为“美国播客公司”（这是向美国广播公司致意），尽管他和他的联合创始人在与一家品牌公司合作，就播客本身制作了一期节目后迅速将公司的名字改成了“吉姆雷特”（它的字面意思指的是一款杜松子鸡尾酒，此外没有任何意义）。因为有了布隆伯格和利伯从风险资本公司那里筹集到的一笔150万美元的投资，节目和公司都获得了迅速的成长。[31] 他们甚至通过号召节目听众中那些具备资质同时也想参与到他们正在进行的事业中来的投资者而筹集到了额外的20万美元。[32] 这些投资推动了更多的项目，他们迅速开设了另外两档全新的节目。

而新的节目反过来又催生出听众和投资者新的兴趣。2015年，在吉姆雷特传媒获得另外一笔600万美元的投资之后，这家企业的市场估值已经达到3000万美元。[33] 更大数额的投资意味着他们需要激发出企业更强劲的增长动力。而企业的扩张意味着会有更多的听众和更多的节目，开辟新节目意味着招募更多的新人。但当他们看着目前的职员并开始计划招募新一批职员的时候，他们注意到一些他们不喜欢的东西。

2015 年 12 月，也就是他们获得那笔 600 万美元投资的当月，他们的办公室看起来还基本上是清一色的白人职员。那时他们总共有 27 名工作人员，其中有 24 个白人。为了忠实于他们企业独特的公开透明的风格，吉姆雷特传媒的工作团队决定就这个话题制作一期节目。在节目里，布隆伯格阐述了为何这种多样性的匮乏令他感到苦恼。“我们有义务通过我们将要讲述的故事去完成正确的事情，”他说，“去告诉人们，不能只是从一个角度，而是要通过所有他们应该了解的细微差别和复杂多样来看待问题。”[34]

为了探究这个问题，当然不只是为了播客节目本身，也为了他们的员工，布隆伯格采访了几位吉姆雷特传媒的雇员，尤其是其中的有色人种。尽管“三个非白人职员勇敢地投入到与他们的白人首席执行官那有时令人尴尬的人种和多样性的对话中”是一种隐隐让人不自在的体验，但布隆伯格由此了解到，公司陷入一种同质化的员工构成中是一件多么容易发生的事情，而且他们已然变得有多么相似了。[35]

正是在一次对一名公开自己同性恋身份的同事的采访中，一个更有意思的问题出现了。除了他们表面上存在的多样性问题之外，吉姆雷特传媒是否在意识形态层面也缺乏多样性？布隆伯格告诉他的同事，“员工中大部分人在政治上都某种程度地偏向自由主义，有国际主义情怀，你懂的，有点像布鲁克林的政治氛围”，但他们似乎并没有体现出政治或信仰上的多样性。“我们的员工中没有一个是福音派信徒……我不认为我们有人能够说出一个全美汽车比赛协会的赛车手的名字。”[36] 在那场采访中的那个时刻，原本坐在录音棚外倾听对话的制片人走了进来，请求加入这场讨论。他是一位福音派信徒，他每周日都会去教堂，他甚至可以说出好几个全美汽车比赛协会的赛车手的名字。而他常常感觉孤独，他觉得最好把这些秘密留在心里。

在那次采访之后，布隆伯格开始真正意识到公司问题的复杂性。公司的目标很清晰："我们想要确保，吉姆雷特传媒是一个你可以自由分享你的信仰的地方。无论你是一名基督徒、美洲原住民，或是一个变性人，又或者你三者兼具。"[37] 与此同时，布隆伯格也承认他公司的环境和社交网络让这点很难做到。

"我们很大程度上是一家白人企业，公司处在一个历史上就基本是被白人主宰的行业。"他说道，"如果我们只是干坐着，等着有色人种主动申请我们公布的招聘岗位，我们就只会一直这样下去。"[38] 事实上，当他们审视他们的招聘方法时，他们发现，一直以来他们就在一个高度同质化的求职队伍里筛选新人，因为他们很大程度上依赖从公共广播领域跳出来的人来申请或者直接招募他们。就像科斯奈茨和沃茨研究的那所大学，他们并没有一种对相似性的强烈偏好，但他们身处的社交网络只提供了相似性这一种选项。

事实上，到目前为止，大多数表现与众不同的员工，都是有意表现得与众不同——努力与来自不同行业或部门的人建立联系。他们清楚这是解决他们困境的最好机会。布隆伯格说："一个更多元的职工团队意味着有更多的关系网可以利用，这个多元化的过程会带给一个组织强劲的发展动力。"[39]

布隆伯格的内部调查表明，要想拥有多样性是一件多么困难的事情。正如科斯奈茨和沃茨的研究所证明的，同质化是一个沉降的旋涡，你可以带着偏好和相似的人结交，但那会塑造你的关系网，使你变得越来越容易去选择结交同一类型的人。如果吉姆雷特传媒作为一家企业成功了，那么他们是否成功摆脱了从一个同质化的人才池中招募新人的诱惑，就很可能会是一个重要的影响因素。

异类相斥，同类相吸。然而，当相似的人建立了联系，他们就会改变更大的社交网络，影响其中的人，使他们更有可能去结交更为相似的人。不过，科斯奈茨和沃茨的研究也表明，反转这一进程，创造一个向上涌的旋涡也是可能的。它告诉我们，可以同样利用驱动同质化效应的原理来摆脱同质化。刻意地结交不同的人，能够改变你在关系网中的位置，使你更有可能在未来结交到不一样的人。同质化效应带来的教训是，你的社交圈子影响了你的思维模式。因为你更有可能结交和你思维方式相似的人，所以更要刻意抵制这一强大的同质化浪潮，由此产生的好处会很多。

从理论到实践

由同质化研究带来的最大启示是，我们更有可能，而且已然选择同那类与我们有着相似之处的人建立友谊。尽管这会使我们感觉更为自在舒适，但这不利于我们在面对诸多变数的时候做出决定。我们需要我们的关系网为我们提供另类视角，而要实现这一点，我们需要知道我们的关系网是否具有另类视角。我们需要对我们的关系网做一次审查。

下面是如何快速操作的指南：

1. 在特定的一周时间里，检视你最频繁互动的关系。利用你手机上的通话记录或你电子邮件的发件箱列出 20~25 个频繁互动的人。
2. 将这些人的名字添加到列表的第一列，把你的名字置顶。
3. 然后在你的名字旁边再多设置几列，每一列都填上你想编辑的标签内容——行业、部门、职务、人种、信仰、政治意识形态等等。
4. 开始把第一列当中的每个人都对应到这些类别里。如果你不确定，先做一个猜测，回头再核实（多数时候你的猜测都是错的）。

很有可能，在所有的类别里，你联系人中的大多数都是和你很相似的人。这应该能给你需要做些什么的启示。

在线练习

如果你的大多数朋友在社交媒体上都很活跃，你可以更快地完成这张表格。他们的账户有很大的概率包含了上述所需的大部分信息。例如领英，应该会有一个人的工作和教育履历信息，以及他所属的组织。脸书应该能告诉你，你的朋友“喜欢”什么。在看到某些信息后你可能会有绝交的冲动，但是不要……如果这些联系人与你不同，在生活中你可能会比你想象的更需要他们。

完成这项练习要用到的模板，请访问 http://davidburkus.com/resources/，寻找“人际关系资源”并下载。

第十章

共同的活动比单纯的联谊更有效

一谈到结交朋友和社交，我们通常会联想到联谊活动，即那些在特定的地点和时间举办的专供参与者结识新朋友的活动。然而，正是因为同质化效应，在这种活动场合，大部分人会将时间耗费在已经认识或与自己有相似之处的人的交谈当中。这样一来，联谊活动并没有为我们带来真正意义上的新朋友。相反，研究表明，参加多样性的聚会活动更能使我们受益，而当我们肩负某种使命或手头承担一定任务的时候，关系能够更自然地建立起来。

如果你被邀请出席在乔恩·利维家举办的晚宴，那么你可以期待两件事：第一件是由你负责准备膳食；第二件是当你知道谁和你一起做饭时，你会很吃惊。

利维常说："最大的笑话就是，我希望自己有一天能做成某项足够伟大的事情，好让我有资格受邀出席我自己举办的晚宴。"[1] 之所以需要自己动手准备晚膳，晚宴上有不寻常的客人，甚至会有这个笑话的存在，是因为在过去10年中，乔恩·利维的家一直秘密地为世界上一群最具影响力的人物举办只有特邀人员才能参加的用餐体验活动。这些人中包括著名的喜剧演员、音乐家、畅销书作家、电视名人、诺贝尔奖得主，甚至皇室成员。利维的家，以及这些晚宴本身构造了世界上最具影响力的群体之一、一个能量巨大的社交圈子。

晚宴有一套严格的流程。首先得提出邀请。每位宾客都会从利维的助手那里收到一封内容相当含糊的邮件，邀请他们出席一场名为“风云人物晚宴”的活动。在收到邀请的时候，大部分宾客都不清楚利维是何许人。（然而，这些人通常是由之前参加过晚宴的宾客介绍给利维的。）利维同样必须尽可能确保受邀宾客中没有人在晚宴之前见过彼此。

在到达利维位于纽约城上西区的家后，或是到达他在其他城市举办晚宴的地点之后，宾客们被告知他们将一起准备晚膳，并且他们被分成不同的小组。晚膳的准备过程并不复杂；不需要有下厨的经验，然而，必须严格遵守一条规定：在他们准备晚膳的时候，所有人不准谈论自己的身份或职业。宾客们只被准许使用自己的名字（不带姓氏），并且不准询问他人的姓名。尽管有这样一条规定，宾客们还是很快就熟络起来，一群陌生人成为一屋子的速配好友。

当晚饭准备好之后，宾客们坐下来用餐并玩起了一个简单的游戏。一个接一个，用餐者轮流猜彼此的真实身份和职业。这个给人带来意外惊喜的游戏——游戏的趣味在于，猜错了几乎总是比猜对了要更有意思——占据了大部分用餐时间。游戏结束，每个人都要清洗餐具。通常这种小型晚宴接下来会变成一场更大的聚会，因为之前晚宴的宾客会出席随后举办的鸡尾酒派对和沙龙活动。派对会持续到第二天凌晨。派对上有世界级魔术师登台演出，有世界知名音乐家坐在钢琴旁领着大家合唱，而意见领袖和科学家们则交流着他们最新的发现。

由于常年负责组织晚宴活动（总共组织了超过 120 场次），利维构建起了一个逾千人的社群。这些人，不论是否出名，都在影响着社会。“是否出名和影响力关系不大，”利维解释说，“为一对名人夫妇设计造型的造型师，可能比名人本身对时尚行业的影响更大。”[2]

按照利维的初衷，构建社交网络才是这些晚宴活动的真实目的。他相信，为一群有着多元职业背景和富有行业影响力的人创造一个让他们彼此相识的机会，定然有助于催生对世界有着积极影响的新的伙伴关系和合作契机。

利维最初是在 2008—2009 年间产生举办“风云人物晚宴”想法的。他当时参加了一场研讨会，会上，活动组织者分享了他的理念：“我们积极融入的群体，以及我们和他们之间的对话，是决定我们的生活质量的基本要素。”[3]那句话在利维心中激起了波澜。他很清楚人际互动的力量。他对群英聚会的场合并不陌生。他有一份稳定的工作，在多家公司担任数字化营销顾问。但当利维在那句话的启发下，重新审视自己的生活时，他意识到，他的经历并不像他希望的那样精彩。

他从小处着手，花了近一年时间思考一场社交活动的具体形式。凭借他在行为科学领域的专业背景，他清楚地意识到，活动的细节将极大地影响到活动的成败。他同样首先从一个低调得多的（至少就他们的影响力而言）宾客名单入手。最初几次晚宴宾客大多只是他认识的有权势的朋友以及经由他们介绍来的人，但同时，他也在尝试接触更多更具影响力的人物。“很多时候，我只会让自己难堪，因为我不了解该如何与地位很高的人交流，所以有时结果就有点像是一列火车的残骸，”利维说，“我只是在坚持，并从每次尝试中学习如何更好、更高效地表达。”[4]

但利维也意识到，要给宾客名单上不断增加的成功人士营造最佳的活动体验，他需要对晚宴的形式做出改变。他说：“他们每一个人都太成功了。一旦他们开始谈论他们的事业，他们就会过分彰显自己，那么我想通过活动让他们彼此建立友谊、形成一个集体的愿望就落空了。”就这样，他的晚宴活动规则诞生了。利维坚持，在坐下用餐之前，所有人都不准透露自己的身份和职业。“结果是，所有人都不得不放弃他们练习得近乎完美的介绍，而学习如何在不泄露自己正式身份的前提下进行互动。”[5]

利维相信，神秘将改变参与者的行事方式，使他们在活动中表现得更好。他相信，“当人们不知道你平时是什么样的一个人时，他们就不会期望你应该按照什么规矩来行事”。[6]而当参与者不再拘束于人们对他们的期望，他们就会更多地依照自己的风格行动，继而形成一个更有凝聚力的社交网络。

自从开始筹办“风云人物晚宴”，利维自己的事业也取得了长足的发展。他所构建的这个社交网络为他提供了工作机会，他的顾问事业如火如荼地发展起来，他还得到了一份出书的合约，以及数不清的演讲邀请。但对利维而言，所有这些都不是来自试图从社交网络中提取价值的行为，而是不断往“风云人物”的社群中投入越来越多的价值的结果。

在纽约城的其他地方（上西区之外的地方），企业家克里斯·斯肯布拉也在做着相似的事情。和利维一样，他发现他对为他人牵线搭桥有着极大的热情，而举办像晚宴这样的群体活动最为有效。斯肯布拉那 450 平方英尺（约 42 平方米）的小公寓，小到连里面的家具都紧贴着墙面，却是他举办“747 俱乐部”晚宴的地点。

斯肯布拉的晚宴就在一张摆着纸盘子和塑料杯的小桌子上进行。自不必说，客人们就在这方寸之间烹饪和饮食，但同时，他们也由此形成了亲密的关系。他之所以筹办这项活动，是因为他意识到自己想要构建一个优质的社交圈子，而要实现这一点，最好的方式就是构建一个群体，而他擅长做美味的意大利面酱。“我邀请了 15 位朋友前来家中，请他们品尝我做的酱，”斯肯布拉说，“我给他们分配任务，让他们都加入到这一过程中。他们很享受这个过程，并且喜欢一起做事。”[7]

斯肯布拉说：“在这 3 个小时中，每一分钟都被规划和安排得明明白白。”当客人们到达时，斯肯布拉会在门口迎接，将他们请进一个完全“开放”的公寓。之所以这么说，是因为在目光所及的地方连桌子和椅子都没有，屋子里只有客人、饮料以及小吃。但这就是全部的计划。当最后一位客人到来后，晚餐的准备工作就开始了。斯肯布拉开始煮水并分配具体的任务。客人们不仅要帮忙做饭和准备甜点，还要支起桌子、摆放餐具，并且最重要的是，边干边聊。“747 俱乐部”这个名字的由来，是斯肯布拉对活动步骤细致入微的规划的写照。斯肯布拉说：“要做出三盒半不软糯有嚼头的意大利面酱需要 13

分钟。”[8]晚餐时间总是在晚上 8 点钟，所以 7：47 开始烹饪。晚餐准备好之后，斯肯布拉又拟定了一系列活动来确保每个人都不会感觉像是坐在一个陌生人身旁。

在客人们持续交流了二三十分钟后，斯肯布拉就会把活动氛围搞得再热烈一些。“8：32 的时候，我会起身说个笑话，挑起所有人的情绪，之后我话锋一转，开始分享一些更为隐私的事情，这会卸下大家的防备，让所有人自然地敞开心扉。”他分享了一件他自己的故事，算是抛砖引玉，之后其他人轮流做分享。考虑到在场的所有人都是第一次见面，在仅仅接触了 90 分钟的情况下，他们分享的故事就算是非常隐秘了。每次餐会上，客人之间都会迅速建立起友谊，斯肯布拉开玩笑说：“如果在一次餐会上我没有看到至少两个人哭出声，我都会认为这次餐会办得很失败。”“不论谁参加晚宴，客人们都会流露出真情。这种共情是会传递的。”[9]

至于活动的规模，起初有 16 个人参加晚宴，出席者都是他的朋友以及他朋友的朋友，后来，斯肯布拉开始根据企业客户的需求调整“747 俱乐部”晚宴的形式和规模。他保留了原先的设计，用同样的意大利面酱食谱，为各种公司组织团建和联谊活动。一场具有“747 俱乐部”特色的公司活动包括一连串连续几个晚上的小型私人晚宴，再之后是一场大型的沙龙性质的活动，在这场沙龙活动中，参与者会再度见到一起用餐的伙伴，彼此讲述着和前一晚一起用餐的客人之间的故事。2015 年以来，斯肯布拉和“747 俱乐部”已经累计为 3000 多人提供过用餐体验，并在他们之中推动建立起超过 10 万对关系。除了招揽客户，斯肯布拉私人晚宴的客人们也形成了一个他们自己的团体，并为这个集体介绍新的成员。“第一次你来参加，你是一个人，”斯肯布拉说，“第二次，带上一个朋友。在那之后，你就有资格邀请一位新的客人。”[10]

乔恩·利维和克里斯·斯肯布拉通过不断地试错，最终设计出他们的品牌晚宴活动，但社会科学提供的见解揭示出他们的晚宴能够如此成功的秘密，以及他们为什么能横跨所有看似不可能的行业类别，缔造出看似不可能的社交网络，并以主办人的身份成为这个网络的中心。尽管一起用餐一直是上千年来人类生活体验的一部分，然而最近的研究表明，要将人们聚在一起，并不是只靠列出一份了不起的宾客名单和做面包这么简单。

重要的是做饭的过程。

携手合作拉近彼此的距离

为了彻底理解为什么让客人们一道准备晚餐能有效地拉近彼此的距离，我们首先要弄清楚在建立关系的过程中我们遇到了哪些阻碍，然后我们再回来从一个较小的角度切入，思考这个问题。人们在尝试建立关系时遇到的问题正是出在许多人赖以建立关系的方式上：传统的社交活动。

大多数人都曾参加过团建或联谊活动——一群人站在高高的鸡尾酒桌旁，彼此交谈着，希望找到对自己而言合适的朋友。对一个内向的人而言，这种场合颇为糟糕，但结果证明，这些活动对外向的人而言也不怎么有效。研究表明，以培养新的联系为目的的联谊活动、派对、社交场合，甚至常规的餐会，在达成它们的目标，即建立新联系方面，效果都不怎么显著。换言之，当我们将注意力完全放在社交或者说认识新的人上面时，往往会失望而归。

这种现象产生的原因就是关系学研究人员布莱恩·乌西所说的类我原则。乌齐断言，当我们试图结识新朋友时，我们往往会选择结交那些与自己非常相像的人，不论是就工作类型、行业、经历、教育、世界观或其他方面而言。如果这听起来有点像同质化现象，那是因为它本质上属于一种轻微的同质化。当我们检视整个社交网络的时候，我们会发现，正是这种轻微观的同质化现象推动形成了网络中的宏观同质化效应。按照乌西的说法，我们更倾向于与我们相似的人交往是出于两个原因：自在和高效。我们更容易信任那些与我们的世界观相近的人，而且和他们待在一起更自在舒适，因为这些人不会挑战我们的世界观。此外，同那些与我们背景相似的人交流也会更有效率，因为我们都认同彼此的概念、比喻以及其他行话。虽然舒适和高效很重要，但问题在于，同质化的关系不太可能给我们提供新的信息或是挑战我们对事物的看法。如果我们身边人的思维方式、想法都和我们如出一辙，那么我们就不会被逼着思考更多，或者质疑我们的逻辑。类我原则甚至在我们得不到理想结果时却回以积极的反馈。

除了我们倾向于和那些与我们相像的人交朋友这一点，我们同样还倾向于在社交活动中把重心放在已经建立的关系上。在哥伦比亚商学院教授保罗·英格拉姆和迈克尔·莫里斯的一项关于社交活动的著名研究中，那些宣称渴望有更多的机会结识新朋友的企业家往往没能像他们希望的那样把握住机会。研究人员组织了一场联谊活动，将其作为哥伦比亚商学院高阶工商管理硕士项目课程的一部分。被邀请的人当中有许多是一直游说哥伦比亚商学院，希望在课程内容中设计更多的社交活动的学生，这样他们就可以从富有而背景多元的同事网络中获益。在一个周五晚上，总计有 100 名高管、顾问、企业家和银行家齐聚一堂，共享美食。在活动开始前，英格拉姆和莫里斯调查了这些高管，搞清楚了在受邀嘉宾中他们已经认识的都有哪些人，他们自己对这场活动又有什么期待。除了玩得开心，95% 的参与者表示他们希望在活动中结识新朋友。

当嘉宾到场的时候，研究人员会给他们每个人佩戴一部 nTag 小型电子设备，用以记录每次谈话的内容和时长。除了被要求不要拿下 nTag，他们还被告知：“表现得自在些。和任何你想要交谈的人接触，享受食品和饮品。”[11] 这些参与者照做了。不幸的是，他们想要与之交谈的“任何人”结果被证明往往是那些他们已经认识的人。尽管他们每个人平均只认识屋子里三分之一的人，但这些高管还是花了一半的时间和那些他们已经建立了友好关系的人互动。

虽然他们将另一半互动的时间用在同新朋友的交谈上，这确实令人欣慰，但这个比例大大低于他们先前所定的目标。即使是在随机找人搭话的情况下，高管们实际上和新朋友互动的时间也低于理论上与他们互动的时间。这还不算，那些新开启的对话很大程度上还是和那些与他们相似的人之间的互动。也就是说，顾问和顾问交流，而银行家和银行家交谈。若同时用和新朋友对话以及和不同背景的人互动作为评价标准，那么在这场活动中最成功的交际达人当属酒保了。

如果连意愿强烈的企业家都没能结交足够多的新朋友，那么很显然类我原则的作用力是很强大的。如何才能避免这种影响？ 答案是，最好的战略可能就是停止尝试去结识新朋友。与我们常识相悖的是，当我们把更多的注意力放在活动本身而非建立关系上，我们反而更有可能和一群不同的人培养出新的关系。就像一起准备饭食的客人，参加到需要协作的活动中时，相互之间更容易产生随机的合作，而这些合作关系更有可能发展成真正的友谊。布莱恩·乌西也给这种现象发明了一个专有名词：共同活动原则。

基于乌西所做的近 100 项社会学和社交网络研究，共同活动原则的定义是：强大的社交网络并非通过随机的互动过程产生，而是通过让一群不同背景的参与者共同投入到需要协作完成的高收益活动中建立起来的。[12] 换言之，在一个社交场合与人闲聊不太可能引导你获得一个强大的关系网，相反，加入集合了一群不同背景的人的项目、团队和活动中，更有可能使你达到这个目的。之所以如此的一个主要原因是，在一个共同的活动中，人们不太可能按照外界对他们所承担角色的期望行事，这使得人们之间的互动更具真情实感。“在社会学中有一个我称之为‘脚本’的概念，”乌西解释说，“在一个脚本中，你和某个人的一切互动行为都受制于（外界的）某种关于行为方式的期望，即你在另一个人身边时能说什么或者做什么。”[13] 一个共同的活动允许参与者将那个传统的脚本抛诸脑后，并捡起一个新脚本，这个新脚本可能对展示其他人需要看到的品质更有帮助，从而更有利于建立关系。在他发布“只能说名字，不准谈工作”的原则后，利维的晚宴的影响力大增。利维让他的宾客将他们传统的行为脚本留在了宴会活动的入口处。

根据乌西的说法，“共同的活动是建立这些极富社交价值的强大网络的引擎”。[14] 当共同的活动满足三个要素时——能够唤醒激情、需要互相协作、存在利害关系——最有可能发展出潜在的新关系。

唤起激情很重要，因为人通常会想方设法为自己热爱的活动挤出时间。你可能不太想参加有陌生人的晚宴，但当你的朋友们都在热烈地谈论一场特殊的晚宴，然后主办方又给你发来了一封邀请函时，你就更有可能挤出时间去参加。活动中的相互协作会加快客人之间建立信任的过程。可能当你刚到活动现场的时候，你的防备心还比较重，但当你和一个随机分配的搭档拿到餐具并得到一个任务，你很快就会意识到你需要与另一个人合作。而存在利害关系既提高了参与者对相互协作重要性的认识，也为完成任务后弹冠相庆或任务失败后相互勉励的情感表达创造了机会。所以，不论这顿饭是做成了还是没做成，结果中的利害关系都为产生维持长期友谊所需的忠实情感提供了一次机会。

正如利维和斯肯布拉发现的那样，并不是晚宴本身——共享一顿美餐——而是一起参与做饭的过程，催生了用以构建一个多元网络的联系。不论是要建立一个有助于咨询、研究或其他的目的（正如利维的例子）的关系网，还是利用参与式晚宴的方式来为企业服务，帮助它们构建内部网络，共享活动都是一个很有效的策略。

当然，一起做饭并不是唯一可行的共享式活动，而且它甚至算不上最好的活动，一切都要根据你的整体目标来决定。乌西建议可以加入非营利性组织、志愿或社区服务项目，甚至选择一项团队性运动作为参加共同活动的潜在重要途径。从内部看，许多企业发现，甚至为员工举办培训课程这样简单的事情，也可以吸引来自不同部门的人并帮助他们建立起各种新的联系。有的公司将它们的成就归功于此。

一种共同的活动：教育

皮克斯动画工作室并不是你认为的普通电影工作室。考虑到它是如何起步的，它能够在相对较短的时间内取得如此令人不可思议的成功就是证明。皮克斯成立之初甚至算不上一家独立的公司，它不过是卢卡斯电影公司的计算机绘图分部，而且要不是卢卡斯打算廉价出售它，它还会继续作为卢卡斯公司的一部分。计算机绘图分部被史蒂夫·乔布斯买下了，他看到了它发展成为一家计算机硬件企业的潜力。动画电影起初很大程度上只是作为制作商业广告来宣传皮克斯产品的一种方式。随着时间的推移，利用电脑动画制作电影的技术日渐成熟，于是，在 1995 年，皮克斯上映了获得高度评价的《玩具总动员》，这是第一部完全由电脑绘制的长篇动画电影。

从那时起，尽管总共制作了不过二十几部电影，皮克斯动画工作室却获得了 16 次以上的美国电影艺术学院金像奖和 200 多个其他奖项。但皮克斯动画工作室留给人们非凡的印象不只是因为它“年少成名”，还因为它的组织模式。皮克斯并不像大多数好莱坞电影工作室那样靠以明星为中心的模式运营，相反，它看重整个团队中的每一个成员，认为他们都是明日之星，每个雇员都是制作电影过程中的一个重要组成部分。“皮克斯是一个大家庭，我实话实说，”皮克斯的创始人埃德·凯特马尔写道，“我们认为持久的关系很重要，而且我们共同信仰一些基本的理念。”[15]那些基本理念中就有一条，一部电影的创意不是只来自导演和其他主创人员，而是来自制作这部电影的200~250名员工中的每一个人。另一条理念是：要营造一种团队文化、合作文化和取得创造性成就，需要特意设计关注点。

在皮克斯，你随处可以看到那种关注点。举个例子，它那精心设计的主楼——楼的名字后来被更名为史蒂夫·乔布斯楼，以纪念他以及他在设计大楼的过程中所发挥的作用。它的特色在于楼的中央拥有一个巨大的中庭，这里有咖啡厅、会议室、雇员邮箱、审片室，甚至还有主浴室。（乔布斯实际上曾经想过把中庭的空间用来作为整栋楼唯一的浴室所在地，但他的想法被认为太过极端。）这种设计彰显了乔布斯有意通过一栋建筑的结构来帮助激发员工间的自发性互动和促成多元的内部网络。确实，凯特马尔说，在史蒂夫·乔布斯楼里，“你真的总是会有偶遇”。[16]

不过，虽然主楼把员工集中在一处的设计对公司形成多元的网络和实现深入的团队合作有帮助，但事实上公司的另一座不一样的建筑可能对此贡献更大：皮克斯学院。

坐落于西村大楼（公司的其他所有建筑都是以真实的地名来命名的）的皮克斯学院，成立于《玩具总动员》上映之后的第二年，在公司的历史上算是成立得相当早的。起初，最火爆的课程是电脑绘画课。当时，皮克斯只有120名员工，而他们中的100人（来自公司的所有部门）选修了这门课。随着时间的推移，学院的课程日臻完善。皮克斯学院现在教授的课程有表演、绘画、计算机编程、即兴喜剧、杂技、空手道，甚至还有肚皮舞。皮克斯的雇员每周被准许花至多4

个小时（带薪）来学习课程。如果工作会议在时间上和他们的既定课程安排发生冲突，他们甚至被允许不用参加工作会议。[17] 而且每个员工都有资格入学，不论他们受雇于什么岗位。

允许任何部门的任何职工自由学习任意课程，这一规定让皮克斯学院为公司企业文化和发展做出了巨大贡献。“并不是课程教授的知识直接提高了员工的工作表现，”凯特马尔写道，“在课堂上，人们用不同于工作中的交流方式互动。他们可以无所顾忌地展示自己愚蠢、懈怠、奔放和脆弱的一面。”[18] 虽然他们并不了解乌西的研究，但是凯特马尔和皮克斯却创立了一个完美利用了“共同的活动”原则的项目。

课程为拥有不同背景的雇员提供了相识的机会，所有人都把他们传统的脚本留在了教室外面。凯特马尔写道：“职级不再重要，结果是，交谈变得热烈。”[19] 课程的多样性确保了那些选修课程的人也是多种多样，因为一门课程中的某些内容唤起了他们的某种激情。并且，即使员工们选修的课程可能看上去与他们的工作无关，皮克斯秉持着这样的信念，认为他们在课堂上学到的诸多技巧是可以进行转换然后为工作服务的。教出纳或行政助理学会用计算机制图，或许看上去与皮克斯所取得的商业成就无甚关联，但一门绘图课程也教会了学生更全面地观察这个世界，而这种技能将有助于提升员工在几乎任何岗位上的工作表现。

皮克斯学院的课程还需要学员们相互协作、彼此依靠。有许多课程，比如即兴喜剧，需要学员们一起合作。但就算学生上的是个人课程，比如雕塑课，他们也能够从其他学生那里得到对他们有益的反馈。凯特马尔写道:“它教会皮克斯的每位员工，不论他们在工作中是什么职务职级，都要学会尊重同事的劳动成果。”皮克斯学院的课程还使他们明白，无论做什么都有风险。“创新创意也有失误和不完美的时候,”凯特马尔写道，“我希望我们的员工能接受这一观念，即组织也好，员工也罢，有时候都应该有胆量，挑战有风险的任务。”[20]

员工在这些课程中建立起来的多元和看似不可能的联系，对皮克斯内部的社交网络有着巨大的影响。很常见的一个景象是，两个职员在一门即兴表演课上摔跤或假装打架，而第二天就回归到工作中传统的上级和下属的关系。一个新聘用的技术主管回忆说，他曾在课堂上用一个长条状的红色气球多次击打埃德 · 凯特马尔的头部，结果不久却发现自己要向凯特马尔阐释一个重大的商业提案。[21] 皮克斯学院在塑造皮克斯以团队为基石的企业文化方面功不可没，正是这种文化使皮克斯取得了重大的成就。凯特马尔解释道:“皮克斯学院帮助强化了这一观念，即我们所有人都在不断学习，而一起学习更有乐趣。”[22] 虽然学院是利用共同的活动的力量潜移默化地做到了这一点，但并非所有活动内容都这么微妙，也有的内容很直白，比如皮克斯学院的图章上就刻着一句拉丁格言“Alienus Non Diutius”，意思是：独木难支。

当大多数人致力于构建他们的社交圈子时，不论他们是向内拓展组织的人脉，抑或是向外延展，他们都会选择一头扎入满是陌生人的社交活动。但对类我原则的研究，以及像乔恩 · 利维和克里斯 · 斯肯布拉这样的人和像皮克斯这样的企业的成功先例，都表明把时间花在参加社交和联谊活动上纯属浪费。如果你想构建一个多元的关系网，你的时间应该更多地花在参加共享性质的活动中，尤其是那种能唤起激情、需要相互协作和具有一定挑战性的活动。可能你在参加这种活动的时候根本没有富余的精力放在社交上，但当你完成活动的任务后，你会发现你已经在身边集结了一群新的有意思的人，将你称为朋友的人。

从理论到实践

对人类在社交场合中的行为以及在共同活动中的表现的研究得出了清晰的结论：社交活动并不是非常有效。这对于有社交恐惧症的人而言算得上是个好消息。尽管这些活动中有着各种各样的人，看似有很多潜在的结交对象，但在实践中，大多数人还是会将大把时间用于同熟人或者与自己相像的人互动。而我们真正需要的是把时间和精力投入到能够最大限度为我们提供新的、不同联系的活动中。研究表明，我们应该将更多的时间花在寻找能够激发激情或挑起情绪、需要相互协作和具有一定挑战性的共同活动上。这些共同的活动会吸引来一群不同的人，并帮助参与者建立起更为紧密的联系。下面是几种不同类型的共同活动，以供参考：

1. 社区服务项目；
2. 娱乐性的体育联赛、武术或兴趣俱乐部；
3. 非营利性机构或组织；
4. 工作中的特别项目小组；
5. 基督教堂、犹太教堂、清真寺和其他信仰团体。

在线练习

如果你已经在使用诸如脸书和领英这样的社交媒体服务，那么你很走运。许多此类服务如今都有“分组”功能，志同道合的人会在群体里分享信息、讨论感受以及在某些项目上合作。要小心，别加入那些只是为了交朋友的群，因为很有可能类我效应会再度悄悄地支配起你的行为和选择。相反，加入那些能唤起你工作之外的激情的群组，或者是行业特征非常少、涉及面广泛的群组。因为这些群组的线上属性，使它们相比于需要亲自参加的活动能吸引来更多不同的人——甚至你不需要离开自己的家。

完成这项练习要用到的模板，请访问 http://davidburkus.com/resources/，寻找“人际关系资源”并下载。

第十一章

留心缔结多重性的关系

当我们审视我们的整个关系网时，我们往往会把关系网中的人划归到某个类别中去。有些人是朋友，有些人是商业伙伴，还有些人是在一场共同参与的活动中与我们有过互动的人。但人际关系网往往比这样简单的分类要复杂得多，还有一种被社会学家称为“关系的多重性”的现象，即，两个人之间存在一种类型以上的关系。研究显示，复合关系能促使两个人之间产生一条更为紧密的纽带。这意味着，虽然将我们的联系人划归到单一的类别中可能有助于将事情简单化，但这种简化往往是以牺牲我们对关系网全部价值的认知为代价的。

2006 年 6 月，沃伦·巴菲特宣布了震惊慈善界的一个重磅消息，虽然他会依旧致力于将毕生所得财富捐献给慈善事业，但他将不再独自前行，而是会像其他商业巨擘一样以他的名义成立一个慈善基金（例如洛克菲勒基金会、福特基金会，以及其他家族的慈善基金会）。[1] 不过，他打算将他的大部分财富都汇入比尔和梅琳达·盖茨基金会——

从而将他和比尔·盖茨的资源汇集起来，产生比他们独自行动更大的影响力。（然而，巴菲特还是将他的部分财富挪作他用，成立了以他亡故的妻子和三个孩子的名字命名的四家慈善信托机构。）

对一个局外观察者来说，巴菲特的行为似乎十分怪异。这是慈善史上头一次，如此大笔的捐献却没有用于成立一个与捐献者同名的基金会。而且，巴菲特是把这笔钱委托给了某个比他还小 25 岁的人。但那些了解这两人故事的人明白，巴菲特之所以能够相信他的这笔巨款将被高效而负责任地使用，是基于数十年的合作建立起的信任。但这正是这个故事令人感到蹊跷的地方。盖茨和巴菲特的关系并不是建立在商业合作的基础上，至少起初不是。相反，二者的关系是建立在其他一些东西之上的——打桥牌。

在超过 20 年的时间里，这两个人培养出了亲密的私人关系并在商业和慈善项目中多次合作，很大程度上是因为他们都喜欢玩同一种扑克游戏。盖茨和巴菲特初次见面是在 1991 年 7 月 5 日。盖茨的母亲，玛丽·马克斯韦尔·盖茨，邀请儿子参加她和一些朋友（其中包括巴菲特）在他们家的度假屋举办的晚宴。这并不是盖茨夫人第一次在她的家中招待知名的商业人士，也不是她第一次利用他的关系网和人脉来帮助她的儿子。盖茨夫人在西雅图的慈善界和商界相当活跃，她在华盛顿大学的董事会中担任校董，此外她还跻身美国联合慈善总会全国委员会以及其他几家企业的董事会。[2] 正是在美国联合慈善总会任职期间，盖茨夫人结识了时任 IBM（国际商用机器公司）主席的约翰·奥佩尔，并劝说他与她儿子的初创软件企业微软公司合作。所以，当盖茨夫人举办这些聚会并邀请她儿子参加时，往往都是有原因的。

尽管如此，盖茨最开始的时候并不想把原本用在微软工作的时间拿来和巴菲特见面。“他只不过在玩买卖货币的倒手游戏，那并不会产生真正的价值，”盖茨告诉母亲，“我不认为我们之间有多少共通点。”[3] 他错了。盖茨原本只是同意顺道过来坐会儿，和巴菲特聊几句，但两人见面后却有相见恨晚的感觉。巴菲特问了盖茨关于微软的一些问题，而在他之前没人问过这些。短暂的拜访转而变成长达数小时的深谈——或许就是在这期间他们发现了对于桥牌的共同爱好。

自打那天起，他们经常在一起打桥牌，两人的友谊越来越深厚，在商业上的合作也日渐深入。两人还经常在线打桥牌。据说，盖茨使用“Chalengr”作为网名，而巴菲特选择了“T-Bone”作为昵称。[4] 巴菲特自己估算他一年在线打桥牌总计达 4000 多局——显然不全是和盖茨一起玩的。尽管如此，这个游戏，以及两人的友谊，还是催生出很多活动。2004 年，巴菲特邀请盖茨加入伯克希尔-哈撒韦公司的董事会——这个职位每年仅有 2000 美元的报酬。（伯克希尔-哈撒韦公司的董事是所有标准普尔 500 指数榜上有名的企业中报酬最低的。）[5] 盖茨加入后不到两年，巴菲特就宣布要捐赠他的财富。除了捐赠财富，巴菲特也以慈善事业受托人的身份加入了盖茨基金会，协助执掌这个机构。

从在盖茨母亲家里的那场晚宴到无数次一起打桥牌游戏，再到讨论伯克希尔-哈撒韦公司的未来，以及最终两人谋划什么才是改善这个世界的最好方式，盖茨和巴菲特的友谊远比外人看到的要复杂得多。事实上，几乎所有关系都是这样。虽然能够区分工作联系和私人关系是件颇为诱人的事情，但现实是人们之间的联系不止一重，工作和生活以及其他各种关系是混杂在一起的。

想想传奇消费品企业宝洁公司崛起的奇特故事吧。[6] 威廉·普罗克特是移民到美国的一个英国人，他的第一任妻子在他们到达辛辛那提后不久就亡故了。他接受过制作蜡烛工艺的正规培训，并且虽然白天他在一家银行上班，他还是创立了一家蜡烛作坊，他一个人包揽了从制作到销售再到送货的全过程。在此过程中他结识了亚历山大·诺里斯——辛辛那提一家著名的蜡烛店的店主。更重要的是，普罗克特认识了他的女儿，奥利维娅·诺里斯。普罗克特迅速向诺里斯发起了情感攻势，向她求婚并把她娶回了家。巧的是，爱尔兰移民詹姆斯·甘布尔正在追求奥利维娅的姊妹——伊丽莎白·安·诺里斯。甘布尔当时是一个肥皂学徒，后来他开起了自己的肥皂和蜡烛店。作为这两个人的岳父，亚历山大·诺里斯第一个看到了机会。他注意到他这两个女婿在竞争制作产品的同一样原材料，于是建议说，或许二人合作会对双方都更好。1837 年 10 月 31 日，他们正式合伙创立了宝洁公司。

距离他们合伙创业已经过去了一个半世纪之久，如今，宝洁公司已经成为世界上最大的企业之一。这家公司仍然在制造肥皂和蜡烛，但同时也生产药品、化妆品、尿布和洗洁精。而这一切的发生，并非因为两人都仰慕彼此的商业才干，而是因为一种简单的私人关系变成了一种更为复杂的复合关系。

让时间快进一个多世纪，我们把目光从肥皂的世界转移到冰激凌上，你会看到一个类似的故事。冰激凌传奇公司本杰瑞的创始人本·科恩和杰瑞·格林菲尔德，从中学起就是一对好朋友，他们之间后来有了多重关系，两人一起经营一家跨国企业。“杰瑞和我是初中时认识的，”科恩说，“当时他在体育课上晕倒了。”[7] 两人迅速成了好朋友，部分是因为他俩是跑圈时跑得最慢的两个孩子，也因为他们共同热爱的食物（这可能是造成他俩是体育课上最重和最慢的孩子的原因）。但无论是在初中、高中，还是后来读大学，他俩都没想过开一家冰激凌店。格林菲尔德高中毕业后去了俄亥俄州念大学。科恩就读了纽约州北部的一所学校，但后来辍学了。他去拜访了身在俄亥俄州的好友，并在那里待了一个月，就住在格林菲尔德的宿舍，晚上靠在周边寝室里推销三明治赚钱。

科恩搬回了纽约城。格林菲尔德毕业之后又搬进科恩的公寓同住。两人的关系已经超越了普通朋友，他们各自工作，分摊房租。科恩开着出租，兜售着他的陶器；格林菲尔德试图考进医学院，但最终干起了一份实验室技术员的工作。科恩说：“我俩都不喜欢赖以谋生的工作，所以我们决定干脆一起干事业。”[8]

他们清楚他们想做和食物有关的事情，在一番研究之后，他们最终决定做冰激凌，因为做这个的设备最便宜。他俩一起报名了制作冰激凌的函授课程。这门课学费只要 5 美元，开卷考试。格林菲尔德开玩笑说：“至少我们找到了一门我们确实学得相当不错的课。”[9] 他们选择了佛蒙特州的伯灵顿作为他们的商业试点地区，因为那里是大学城，没有业已存在的冰激凌商家和他们竞争。他们安顿在了一个废旧汽油站里，尝试了不同的食谱和商业模式，最终找到了一个成功法则。这个法则不只是对冰激凌，对他们的事业也至关重要。2000 年，在他们的友谊转化成一种商业合作关系 20 多年后，这对老伙计将本杰瑞品牌以3.26亿美元的价格卖给了联合利华公司。就一门5美元的冰激凌课程而言，这可算得上是一笔相当丰厚的投资回报了。[10]

历史充斥着相似的事例。或许我们想把相识的人归类为工作或生活关系，但真实的关系网似乎并不是那样运转的。而这对我们而言是有好处的。研究表明，关系的多重性不仅帮助我们更多地意识到真实生活中存在的机会，而且还有助于提高我们的工作表现，甚至能提升整个组织的业绩。

多重关系带来的多重机会

社会学家和关系学家数十年来一直致力于“关系的多重性”的研究。他们发现，人与人之间存在的多重关系会极大地增进对彼此的信任（或许是因为这种关系为人们展现值得信赖的行为创造了更多的机会）。这种关系同样有助于新思想和新信息的人际传播。相比于那些单一的关系，拥有多重关系的人能更好地验证想法，获得更多的资源，更辩证地考虑问题，并获得更多元的信息。正如我们将看到的，关系复杂的网络可能比你想象的更能帮助组织。

在过去的几个世纪中，大部分人还生活在小村落构成的社会里，关系的多重性十分普遍，并且对于维系族群发挥着重要作用。和你做买卖的人常常也是你所属的大家族里的成员，或是你的教友，至少是离得不太远的邻居。[11]随着时间的推移，人口增长了，小村落也演变成了大城市，关系的多重性并不必然减少，但它的确也在发生变化。人们之间所具有的复合关系的类型或许发生了变化，但研究表明，人们仍旧常常会出于不止一个原因而被某个特定的人吸引，并且两个人之间有更多种的关系存在的时候——关系的多重性表现得更为明显——他们对彼此的信任度会更高。在现代职场环境中，我们通常认为，所谓的复合型关系指的是包含工作和社会联系的一种关系。这就抛出来第一个需要解决的问题：哪个关系优先，社交关系还是工作关系？

这正是研究人员西蒙内·费里亚尼、法比奥·丰蒂和拉法埃莱·科拉多致力于解答的问题。在了解了工作和社交关系（他们分别给两者打上经济和社会关系的标签）是如何结合演变为复合型关系之后，三名研究人员决定探究这种关系的多重性是如何产生的。[12] 他们将研究的关注点放在位于意大利博洛尼亚附近的一众媒体公司上——三名研究人员中有两人来自博洛尼亚大学。不过除了这点便利，选择这一工业区域展开研究也是相当明智的，因为这些企业在地理分布上的邻近，使得对复合型关系的研究更有希望出成果。在联系了上百家广告、电影、出版、音乐和图片设计公司之后，研究人员调研了 80 家企业并采访了每家公司的创始人或其中一名联合创始人。为了找出这些企业（以及那些与它们有合作关系的企业）之间存在的所有复合型关系并对其进行分析，研究人员首先需要搭建关系网。

事实上，他们需要搭建两个网络。在他们之前，许多关系学研究所构建的网络模型把各种类型的关系都包含进来搞一锅烩，于是他们需要做的，是把经济关系从社会关系中剥离出来。为了实现这个目的，他们发现，先搭建两个网络模型，之后再把它们拼合到一起更为简单，这样他们就可以找到重叠的部分，并能够将每种关系从一个大的关系网模型中筛出来。首先，他们要求参与研究调查的企业列出它们去年的供应商，从中他们便可以基于纯粹的经济往来粗略勾画出一个网络。接下来，他们询问公司的管理人员，他们会向行业内的哪些人寻求建议或指导。从中，他们便可以基于社会互动构建一个网络模型。当他们将一个网络叠加在另一个之上时，一幅真正的复合关系网示意图便呈现出来。

这一新的关系网模型让研究人员能够估算，一种关系的存在多大程度上增进了另一种关系形成的可能性。令人惊讶的是，他们发现这种情况相当普遍。当两家不同企业的两个创始人之间建立起一种经济关系或是社会关系之后，他们之间就有很大的可能性发展出另一种关系。或许更为有意思的是，研究人员发现，如果两家不同企业的两个创始人之间是先建立的社会关系（他们向彼此寻求建议或认为彼此是朋友），那么，相比两人先有经济联系（存在商业上的合作）来说，前一种情况下发展出另一种关系的可能性要比后一种情况高出两倍以上。换言之，私人关系更有可能转化成商业合作关系，而不是相反。

这些研究发现表明，有私人关系的前提下，复合关系更有可能形成，因为朋友更容易合伙做生意，相反，有商业合作的人不一定会发展出较好的私人关系。这一论断有力地阐明了宝洁公司和本杰瑞成功的秘诀。这两家公司的创立，都是因为最初的私人关系演化成了一种复合型关系，两个朋友开始合伙做生意。

这些发现表明，在我们大多数人的朋友圈中潜藏着大量的商业机会和合作关系。尽管我们努力避免带着获利的目的去结交朋友，但有个问题确实值得思考，我们对这些自发形成的关系所持的态度与真实的关系网并不一致。博洛尼亚的研究证明，私人关系确实可以发展成商业合作关系。

那么，把工作关系变为私人关系呢？工作场合中的复合型关系，或者说两人之间的共事关系，是否值得追求？

这正是如今任职于罗格斯大学的杰茜卡·梅托致力于解答的问题。梅托和她的同事杰弗里·勒潘、纳坦·博扎科夫以及杰茜卡·西耶热尔·克里斯蒂亚娜一道，研究企业内部复合型关系的衍生，希望了解这对员工的工作表现是有益还是有害。[13] 在前两项研究中，研究人员调查了位于美国东南部的一家保险公司里的 168 名雇员。这家公司鼓励员工尽可能去认识公司里的每一个人，公司允许他们短暂地平调到另一个岗位上，到不同的团队而不是他们通常待的团队工作。研究人员询问了所有参与调查的员工，要求他们说出 10 个他们在遇到工作上的困难时会去寻求帮助的同事的名字（工作关系）。然后他们要求同一批人列出 10 个他们认为算作朋友的同事的名字（私人关系）。从这一步开始，梅托和她的同事将两份名单转化成关系网，并根据这两个关系网拼凑出一张该公司内部的复合型关系网示意图。他们还问了雇员有关情感耗竭和工作环境本身的一些问题。之后，在调查完成后 4~6 周，研究人员请这些员工的上司填写一份工作表现评估表。

通过对上述信息的整合，梅托和她的同事们得以审视这家企业的内部网络，并对企业内部网络是如何影响了员工的工作表现、情绪以及对整体环境产生了怎样积极或消极的影响有了清晰的认识。他们发现，复合型关系——有许多同事最终都成为朋友——显著地改善了员工的工作表现（根据他们上司做出的评估）。但这也是有代价的。复合型关系同样导致了更高频率的热情衰减——保持更多和更深入的关系是有难度的。尽管情感耗竭的代价是工作业绩的下降，但总的来说，有一个同时是朋友的同事带来的好处要多过坏处。

在后续研究中，研究人员用同样的方法调查了多个领域的多家企业，并发现了相同的影响。与同事成为朋友总体上让工作效率变高了很多。研究人员写道："相较于纯粹的工作关系或纯粹的友谊，工作场合的友谊更能提升工作表现。"[14]

所以，友谊往往会发展出工作上的关系，同样地，工作中的同事也能够成为朋友，这样一来，所有人的工作业绩都会有所提升。不过，复合型关系——准确地说，是一种工作和私人关系的混合——在提高员工个人表现的同时还有别的益处？研究证明，是的。除了提高生产力，复合型关系还有助于提高企业内部的创新力和知识传播力。

由荷兰人里克 · 阿尔伯斯领衔的三人研究小组证明了这一点。[15]该团队研究了企业内部的正式和非正式关系，以及正式和非正式的复合型关系，是如何作用于创新知识的分享和传播的。尽管人们早就清楚，每个企业都有一个正式的网络（规划的组织架构）和一个非正式的网络（工作中建立起的私人关系，包括跨部门的关系），但研究人员探讨的是复合型关系（同时具备正式和非正式关系特征的一段关系）在信息共享中所起的作用。

为此，他们研究了荷兰的两家公司，一家电子工程企业和一家金融服务供应商。研究人员采访了两家公司的多位员工。和类似研究中采取的调查方法一样，研究人员也问了有关朋友（非正式关系）和同事（正式关系）的问题，并利用得来的信息粗略制作了一套关系网示意图（正式关系、非正式关系以及两者的结合）。他们还询问了有关新想法的交流、潜在的创意以及产品和生产线改进（以评估知识和信息的分享情况）的问题。最后，他们还参考了大量诸如项目计划书、会议记录和其他可以帮助他们更好地理解企业内部人际关系的书面材料。

出乎意料的是，研究人员发现，正式和非正式的关系都可以在某种程度上解释思想和知识在组织内部的传播。但这些关系并不足以揭开故事的全貌。只有当他们考虑进复合型关系后（那些存在某种工作关系的朋友和熟人），研究人员才得到信息传播的精准路线图。他们写道："包含了工作和私人因素的关系，会对创造性知识在企业内部的传播带来真正深远而重大的积极影响。"[16] 这些"内容丰富的关系"能给所有类型和规模的组织带来巨大的好处。

综合来看，这些研究只是我们掌握的有关复合型关系的知识的一部分，但它们足以改变我们关于工作关系和私人关系是两个不同的范畴的观念。人是有局限性的，人际关系的运转并不以人的意志为转移。复合型关系帮助人们决定合作对象，帮助员工提升工作绩效（因为他们在工作中有朋友的帮忙），甚至还能帮助企业更好地运用好的想法。不仅如此，有些时候，复合型关系能创造一生仅有一次的机遇，改变一个人的职业生涯。

从钢琴演奏家到风险投资人

当她第一次走进美邦证券的办公室，申请销售助理职位的时候，没人能料到惠特妮·约翰逊今后会成为一家颇具行业影响力的投资公司的负责人。[17] 惠特妮临近 30 岁才从学校毕业，获得了音乐学位。她在那之前从未上过一堂金融或会计课，但她是一名出色的钢琴演奏家，那些评估她职位申请表的人或许以为这意味着她的打字速度很快。她得到了这份工作，不出意外的话，她将成为一位优秀的助手。但她很快就产生了超越人们期待的职业渴望。与仅仅担任一个项目的助手相比，她更希望成为决策团队的一员。

"我很幸运，因为我有一个愿意将我从助手岗位提拔到专业岗位的上司，"惠特妮解释说，"这对于这个行业而言确实很罕见，尤其当这种事情发生在女性身上的时候。不过我已下定决心。"[18] 她开始在晚上自学商业和金融学的课程，用行动证明了她想要成长为一名专业人员的毅力。她如愿以偿地得到了提拔，但她仍不满足。在试图进一步拓宽事业上升空间和努力赚钱上，她具备一项竞争优势。她曾用了一年多时间在乌拉圭传教，学会说一口流利的西班牙语，她运用这项技能（以及她新近掌握的金融学和会计学知识）成为一名投资分析师，通过对墨西哥电信企业和媒体的研究，建立起一套金融模型并为机构投资商做形势研判，帮助他们做出高风险投资的决定。她在这方面战绩颇丰。仅仅一年之后，她就成了《机构投资人》杂志上排名第三的响当当的人物。再之后，她一往无前，连续 8 年夺得行业第一，只有一年除外。对此，惠特妮开玩笑说："（那是因为）我跑去生孩子了。"

但在取得如此多的成就之后，惠特妮自己也感觉到她已经触及天花板了。真的没有往更高处走的路了。她意识到这一点是在她和丈夫从纽约搬到波士顿的途中，这次搬家是因为她丈夫到那里担任教职。

她为了在纽约的工作通勤于两地之间，但一段时间后她发现，不值得为此再多付出努力了，于是她离职并开始探索其他的职业选项。她写了一本儿童书但没能成功出版。她试图在拉丁美洲推广一档电视节目也没成功。她还更多地参与到志愿活动中去，后来加入了一个致力于增进宗教和商业领袖之间交往的委员会。委员会的负责人是哈佛商学院一位名叫克莱顿·克里斯坦森的教授。

克里斯坦森在战略和创新领域很出名，被誉为“颠覆性创新”理论之父。[19] 简单来说，创新型公司往往在起步的时候位于市场的下游，主要是网罗那些大公司忽略的消费者群体。通过不断在下游市场取得成功，一步步地爬到市场的上游，取代那些已经僵化的公司（例如网飞公司取代了百视达，亚马逊取代了博德斯），这个结果就是所谓的“颠覆性创新”。当她还是一名投资分析员的时候，就曾经见识过颠覆性创新的力量，并且她对克里斯坦森的研究很熟悉。她甚至曾几次写信给克里斯坦森，向他展示他的理论是如何阐明了拉丁美洲电信产业的几次转型。

但事实上，她并没有真正和克里斯坦森建立起联系。如今，和克里斯坦森一起在教会共事，他俩逐步发展出一种私人关系。后来，委员会的负责人，那个曾经把惠特妮招募进来的人，离开了，而惠特妮成了新的负责人。除了培养起他们之间的友谊，这个委员会还让克里斯坦森观察到惠特妮是如何当这个负责人的。

“我对他有了了解。他也有机会了解我，”惠特妮回忆说，“他看到我可以胜任这份工作。”[20] 在一起工作的近两年时间里，惠特妮也得以了解克里斯坦森正在从事的事业。克里斯坦森正着手与他那即将从商学院毕业的儿子一起将颠覆性创新理论运用到投资事业中。（克里斯坦森先前曾投资过网飞公司，并笃定百视达会输掉音像租赁市场。）这对父子已经得到了有关他们的理论是如何指导投资决策的一些积极的反馈（其中包括前几年惠特妮发来的邮件中提到的案例），并正在研究创立一家投资公司的可行性。但克里斯坦森并没有金融领域工作的经验，他的儿子也没有。所以他们清楚，他们需要一或两个能将这一理论运用到公司运营实践中去的合伙人。

幸运的是，克里斯坦森每周都坐在这样的一个人的对面，两人只隔了一张桌子。作为哈佛商学院的一名教授，克里斯坦森本可以动用他的关系为公司找到几个非常符合条件的金融家，他本可以利用他作为教授的地位来招聘十几个精力充沛的工商管理硕士生，他本可以发起一场全国性的调查来为公司寻找一位总裁，但他并没有，正如博洛尼亚研究中的那些企业家，他选择求助于私人关系，并把这种关系变成一种商业合作关系。他邀请惠特妮加入他们，作为玫瑰园咨询公司的第三位创始人兼合伙人。他们一同为他们的旗舰产品“颠覆性创新基金”募资，而惠特妮也在 2007 年的时候成为这家公司的总裁。在她担任总裁期间，这个基金为它的投资者带来了高于市场平均值 10 倍的回报率。虽然无从知晓要是当初克里斯坦森选择了另一个人将会有怎样的收益，但可以肯定地说，整个团队都为他们抓住机会把一对私人关系转化成一种复合型关系而感到庆幸。

尽管有像本和杰瑞这样的因为友情继而共同创业的例子，也有像普罗克特和甘布尔这样因为亲情而走向合作的例子，甚至还有像比尔·盖茨或惠特妮·约翰逊这样把私人关系转化成商业合作关系的例子，无论我们把目光投向哪里都能找到这样的案例，但我们仍然会有把工作和私人关系截然区分开来的倾向。真实的人际关系要比简单的心智模型复杂得多。我们所拥有的关系中有很大一部分是复合型关系，而将单一关系转化为复合型关系能给我们带来重要的机会。不论事业上的成功是否是通过在一起共事时发展出的个人关系或终生友谊所带来的，这种关系给我们的回馈都是巨大的——只要我们愿意投入精力，并将它们转化成内涵更丰富、情感更紧密的复合型关系。

从理论到实践

不论你是一名企业主，还是一个前景光明的员工，对社交网络中“关系的多重性”的研究结果都与我们典型的关于关系的分类假定冲突。虽然我们可能会把我们的“工作”联系与我们的“私人”联系分开，并认为“这不是私人关系，只是工作关系”，但私人关系还是相当频繁地转化为工作关系（反之亦然）。此外，正如惠特妮·约翰逊和克莱顿·克里斯坦森一样，私人关系可以变成长久的、有价值的商业合作关系。如果你一直认为你需要区分你与你的朋友以及你与你的同事之间的关系，那么是时候重新审视你的这种想法了。首先要拓宽你对朋友和同事概念范畴的认知，之后再着手拓展你的人际关系。下面是方法：

1. 列出 5 个你对他们的工作知之甚少的朋友。
2. 在未来一个月时间里，安排和他们每个人见面，喝咖啡，或是一起吃饭，抑或一起出去逛逛。确保留有时间来询问有关他们工作的事情。要摆正态度，你不是为了寻找可以帮到你自己的工作或是可以创造机会的任何特定信息。你只是想要知道他们的情况。（毕竟，这些是你的朋友，你不是打算利用他们。）

3. 列出 5 个你不怎么了解的同事。
4. 在之后的一个月，约他们每个人见面交谈。和对待你的朋友一样，你只是想了解他们。如果你感觉到他们并不想向你透露太多关于他们自己的信息，不要着急。但要表现出对他们的事情的兴趣。你永远不会知道，你可能因此收获一个最好的朋友。

在线练习

在互联网世界里，社交媒体网站往往加深了我们思维中关于工作和私人领域的区别。有像领英这样专事于职场社交的服务，也有像脸书和 Instagram 这样提供私人社交服务的应用。一些行业甚至有它们自己专门的社交网络，这些社交网络的运行方式也许正如领英，针对学者或创客，或是其他你能想到的人群。如果你想把同事变为朋友，或者把朋友变成同事，你首先要搞清楚你和他们之间仅存在一种还是两种关系——如果只有一种，那就试试另一种。要是他们没有回应你的添加好友请求，不必沮丧。每个人在如何给关系归类上都有自己的经验法则。单单展示你的开放性这一点，你就已经迈出了不起的一步。

完成这项练习要用到的模板，请访问 http://davidburkus.com/resources/，寻找“人际关系资源”并下载。

结束语

20 世纪 90 年代末，尼古拉斯 · 克里斯塔基斯医生倍感困扰。作为一名临终关怀医师，他对死亡并不陌生——他清楚他的病人都是离死亡近在咫尺的人。越来越让他困扰的是病人的离世给活着的亲人带来的痛苦。他注意到，当夫妻中有一个人患上了绝症，另一半往往也会迅速患上一种危及性命的疾病。作为一名研究人员和医学博士，克里斯塔基斯十分熟悉“寡居效应”，他甚至还研究过这一现象。但他开始疑惑：如果一段婚姻关系对当事人的健康有着如此强烈的影响，那么其他关系是否也对人的健康具有明显的影响呢？[1]

随着克里斯塔基斯调离他在芝加哥南区的工作岗位，转到哈佛大学从事研究，他开始思考这种可能性。那时他认定，他想研究人际关系对人类健康的影响。但他也清楚，光靠他一个人是不足以完成如此浩大工程的。在真实的社会交往中，一个潜在的搭档往往是朋友的朋友。克里斯塔基斯经由一位同事介绍，认识了詹姆斯 · 富勒，一个与他同在一所校园任职的人（事实上他就在一幢相邻的建筑里工作）。富勒的研究领域是关系学，大多时候是从政治的角度切入开展研究。两人一拍即合，决定接受这一新挑战，探究社交网络是如何影响人类健康的。要做这个研究需要收集数量庞大的数据。

实际上，在克里斯塔基斯和富勒勾画他们的项目并寻求学术拨款时，他们最初的估计是，研究需要花费约2500万美元来收集和分析相关数据。[2]自不必说，要找到一位捐献者是很困难的。但他们没有退缩，克里斯塔基斯和富勒着手寻找初步数据，即已经由前人收集到的数据，希望能利用部分数据作为他们设想的佐证，以此提出拨款请求。没想到的是，他们偶然挖掘到潜藏在马萨诸塞州弗雷明汉的一个“健康和关系网数据”的富矿。

自1948年起，来自波士顿大学的研究人员就一直对居住在弗雷明汉的一群人进行跟踪研究。开始的时候，研究人员对镇上超过5000名男女进行定期采访和体检。随着最初一批实验参与者逐渐变老，研究人员又对他们的子女开展跟踪调查，并最终延续到他们的孙辈。在投入大量的精力对这些居民进行研究后，从弗雷明汉心脏病研究中得到的成果非常丰硕，我们熟悉的很多与心脏有关的疾病知识都可以追溯到这个研究。

当克里斯塔基斯和富勒审视这些数据时，他们惊喜地发现，它们涵盖的信息远不止实验参与者的心脏健康数据。当初的研究人员记录了所有实验参与者的病史，而在采访中，他们还追问了所有人口统计变项问题，包括有关家人和朋友的一些问题。最终，克里斯塔基斯和富勒发现，弗雷明汉的心脏病研究人员收集的信息是如此丰富，以至于他们不再需要申请多达2500万美元的拨款了——他们只需要针对这一已有庞大数据库补充提问一些问题就可以了。

首先，克里斯塔基斯和富勒选择了肥胖这一相对简单的指标进行客观测量。不像许多健康问题需要病人先显现出症状才能确诊，肥胖的测量大体上依靠身体质量指数就能完成，这是一个将你的体重数据对比你的身高数据就能得出结果的测量方法。因为几乎所有的体检都需要测身高和体重，所以很容易就能看到一段时间以来的变化。如果某人的身体质量指数值超过了 30，那么就被认为是肥胖的。由采访得到的数据，特别是其中有关家人和朋友的问题，帮助这对研究人员勾画出一幅有关实验参与者的人际关系网图。在随后的检测中，那些问题再次被问及，这使得他们得以追踪长期以来关系网中发生的变化。

就在他们完成对这一不断变化的关系网图的构建之后（图中包含了何人在何时开始变胖的信息），他们发现了一些令人惊讶的事实：肥胖是会传染的。[3] 不仅患肥胖症的人数在不断增加，而且肥胖的传播似乎受到了人际关系的影响。

根据他们的研究结果，如果你的一个朋友变胖了，那么在接下来的 2~4 年里，你自己变胖的概率会提高 45%。不过，更令人吃惊的是，克里斯塔基斯和富勒发现，如果你一个朋友的朋友变胖了，你变胖的可能性也会随之上升 20%，即便你根本不认识你朋友的那个朋友。这个现象再向外延伸一层关系也是存在的。如果你一个朋友的朋友的朋友变胖了，你也变胖的概率会提高 10%。此外，他们的研究结果表明，如果常和一群胖子在一起玩耍，那么变胖就不只是一个趋势问题了。因为他们跟踪调研一群人超过 32 年，他们能够展示私交（朋友，以及朋友的朋友）和增重之间的因果关系。虽然研究人员求证于各种解释，但最有可能的一个答案似乎是生活习惯。如果你的朋友比较胖或者一个朋友的朋友是肥胖症患者，那么这可能会改变你关于什么样的身材是可以接受的认知，你的行为也会因此而发生改变。

当克里斯塔基斯和富勒的研究成果发表在《新英格兰医学杂志》上之后，可以想见，反响很大。这个“你的朋友们可能使你变胖”的故事迅速而疯狂地被主要媒体平台报道出去。这一发现必然被冠以一个耸人听闻的标题，但克里斯塔基斯和富勒的最初研究中更令人感兴趣的发现并不是肥胖是一种传染病，而是我们会在不知不觉中受到不认识的人的影响。研究人员将这种效应称作“三度影响”。虽然我们与这个世界上的所有人之间可能间隔 6 个或更少的维度，但那 6 个维度中的 3 个似乎在不知不觉地影响着我们。

在后续的研究中，克里斯塔基斯和富勒又发现了一些类似吸烟率的现象。[4] 利用他们从弗雷明汉心脏病研究中借用来的同样一组社交关系数据，他们对吸烟率进行了研究，尤其是对弗雷明汉研究的时间跨度内吸烟情况的减少给予了特别的关注。从弗雷明汉研究开始的那天直到今天，当地人的吸烟率在逐步下降——走的是一条和肥胖传染完全相反的路子（而这很不幸地，让很多人错误地以为吸烟有助于减肥）。

根据最初的研究结果，“三度影响”对吸烟产生的效应甚至要比对肥胖大得多。研究人员发现，如果你的朋友吸烟，那么你有 61% 以上的可能性也会变成一个烟鬼。如果你一个朋友的朋友吸烟，你仍然有 29% 以上的可能性会吸烟。而如果是一个朋友的朋友的朋友吸烟，可能性是 11%。研究人员也会看到，随着时间的推移，一个人停止吸烟是如何增加了你关系网中其他人戒烟的可能性。“当一个人戒烟后，会对他的朋友、朋友的朋友，以及朋友的朋友的朋友产生一种涟漪效应。”他们就研究结果写道，“戒烟存在一种时空的同步性，类似鸟儿成群或鱼儿成对。”[5]

而且，受“三度影响”影响的不只是生理健康。克里斯塔基斯和富勒还发现，这一效应对我们的情绪和心理健康也有影响。[6] 再回到弗雷明汉心脏病研究的实验参与者身上，这对研究人员发现当时负责体检的人还问了参与者一系列从流行病学研究中心抑郁症量表上摘出的问题。实验参与者回答的其中 20 个问题有 4 个在先前的研究中被证实与幸福指数的测量高度相关。这些问题询问了每一个被试，在过去的一周中，他们“感到充满希望”“很开心”“享受生活”，以及感觉自己“和其他人一样好”的频率是怎样的。利用这 4 个问题，克里斯塔基斯和富勒能够追踪到幸福的人和不幸福的人聚集到一起的轨迹，以及其他人的幸福度怎样影响被试自己的幸福度。他们发现，实验参与者如果是和另一个幸福的人有联系，那么他们感觉幸福的可能性会增加 15%。此外，如果是他们朋友的朋友感到幸福，他们感到幸福的可能性会增加 10%。如果朋友的朋友的朋友感到幸福，这一比例是 6%。

虽然某个距离我们 3 个维度之外的人的幸福感或许并不像推算的那样能给我们带来高达 6% 的幸福度的提升，但克里斯塔基斯和富勒指出，研究表明，收入增加 10000 美元有 2% 的可能性能提升人们的幸福度。他们写道：“所以说，有生活幸福的朋友和亲属相比于挣更多的钱来说，似乎是一个更为有效的幸福预测指标。”[7] 有鉴于他们一连收获三个关于社交网络和影响力传播的重大发现，他们的成果后来也得到了像政治信仰、创新理念、金融恐慌，甚至是包括自杀在内的其他已发表研究的支持。

纵观全书，我们解析了社交网络是如何运作的以及它们又是如何在我们的工作和生活中创造机会的。我们见识了弱关系和分离度是如何帮助你结交到比你能想象到的更多的朋友。我们也见识了某些人是如何经营比你能想到的可维持的关系规模大得多的关系网，以及明白了一个人该如何迅速扩大人脉圈子（或让人以为交际很广泛）。我们还发现，组织、群体中的关系，与新的、看似不可能的联系之间存在着比许多人预想的复杂和细致得多的差别，洞悉了人们被令其感觉更为自在和熟悉的关系网所吸引的原因，哪怕在这些领域建立联系并不一定符合人们的最大利益。如今，克里斯塔基斯和富勒的发现，以及受他们影响的所有研究人员给我们上了最后一课——可能也是最重要的一课。

社交网络当然有价值，因为它们可以解锁潜在的关系，还因为它们对我们产生的影响。社交网络不只是会影响你身边的人来帮你获取社交资本，还会让你身边的人以积极或消极的方式影响你。你成为一个什么样的人，选择什么样的职业，不仅会受到你的关系网的影响，还会受到你朋友的关系网、你朋友的朋友的关系网的影响。只不过你很可能根本意识不到这一点。

我们不拥有关系网，相反，我们是被嵌入一个大型的关系网之中，因此我们必须学会如何在其中找到方向。要做到这点，需要把注意力放在你关系网中的那些人身上，要认识到，经营好你的关系网要比仅仅找到下一个客户或谋得下一份职业重要得多。社交不只是事务性的，从来都不是。它是不断进化的。你的关系网正影响着你，所以你最好开始影响你的关系网。用心洞悉你的网络——审慎选择你的朋友，了解都有谁是你朋友的朋友——这会直接影响到你会成为一个怎样的人，更好或是更坏。

你朋友的朋友就是你的未来。

致 谢

每本好书都需要一个好的团队，而每个好的团队都需要一个好的关系网。这是否是一本好书要由你来决定，但我可以告诉你这本书的打造者是一个伟大的团队。我很幸运在写作本书时有机会遇见如此多优秀的人，并与他们一起工作。

我的编辑里克·沃尔夫，不仅点子想得快，而且还将其变为现实。还有罗斯玛丽·麦吉尼斯、莉萨·格洛弗、辛迪·巴克、塔琳·罗德、布鲁斯·尼克尔斯以及霍顿-米夫林-哈卡特出版公司的所有人。

我的代理人贾尔斯·安德森经常成功说服我放弃坏点子，接受好点子。

汤姆·尼尔森、莱斯·蒂尔克、辛西娅·西托、亚当·基尔森鲍姆以及布赖特赛特集团的诸位，感谢他们帮助我为这些想法找到一个舞台（或多个舞台）。

帮助我提高洞察力并帮助我宣传本书的几个伟大思想者是：蒂姆·格拉尔、杰夫·戈因斯、瑞安·霍利迪、贝姬·鲁宾逊、阿什利·贝尔纳迪和特雷西·卢卡斯。

安德鲁·戴维斯、乔恩·利维、克里斯·斯肯布拉、惠特尼·约翰逊、杰森·盖尼亚、乔丹·哈宾格、布莱恩·乌西和斯科特·哈里森是一些有着精彩故事的了不起的人，他们主动接受了我的采访。

还有帮助我打造本书中故事和想法的智者，他们是：汤姆·韦伯斯特、塔姆森·韦伯斯特、米奇·乔尔、克莱·赫伯特和布雷特·西蒙斯。

向我的研究助理布伦丹·坎帕尼亚和威尔·库克以及里根·金斯利不知疲倦的工作致谢。

我的办公室主任内哈·盖拉尼不断告诫我要停止做其他事情，从而可以找到时间来写这本书。

感谢奥罗尔罗伯茨大学，特别是商学院的教职人员和工作人员，以及丽贝卡·冈恩博士，后者对原稿的校对很可能比我还多。

还要感谢我的太太扬娜和我的儿子林肯和哈里森，他们是我最重要的朋友。

注　释

引　言

1. Adam Grant, *Give and Take: Why Helping Others Drives Our Success* (New York: Viking, 2013).
2. Ibid., 48.
3. Ibid.
4. Jessica Shambora, "Fortune's Best Networker," *Fortune,* February 9, 2011.
5. Adam Rifkin, "Networking for Success," *Startups.co,* https://www.startups.co/education/lessons/networking-for-success.
6. Adam Rifkin, "The Basics of Power Networking," *LinkedIn,* August 6, 2013, https://www.linkedin.com/pulse/20130806141819-8244-3-important-things-to-be-mindful-of-as-you-build-your-network.
7. Rifkin, "Networking for Success."
8. Ibid.
9. "All advice is autobiographical" has been attributed to many people, but it's most often attributed to Austin Kleon, *Steal Like an Artist: 10 Things Nobody Told You About Being Creative* (New York: Workman, 2012), 1.
10. Tiziana Casciaro, Francesca Gino, and Maryam Kouchaki, "The Contaminating Effects of Building Instrumental Ties: How Networking Can Make Us Feel Dirty," *Administrative Science Quarterly* 59, no. 4 (2014): 705–735.
11. George P. Bush and Lowell H. Hattery, "Federal Recruitment of Junior Engineers," *Science* 114, no. 2966 (1951): 455–458.
12. Rob Cross and Robert J. Thomas, "Managing Yourself: A Smarter Way to Network," *Harvard Business Review* 89 (2011): 149–153.
13. Robert D. Putnam, *Bowling Alone: The Collapse and Revival of American Community* (New York: Simon & Schuster, 2000).
14. Ronald S. Burt and Don Ronchi, "Teaching Executives to See Social Capital: Results from a Field Experiment," *Social Science Research* 36 (2007): 1156–1183.
15. Brian A. Primack, Ariel Shensa, Jaime E. Sidani, Erin O. Whaite, Liu yi Lin, Daniel Rosen, Jason B. Colditz, Ana Radovic, and Elizabeth Miller, "Social Me-

dia Use and Perceived Social Isolation Among Young Adults in the US," *American Journal of Preventive Medicine* 53, no. 1 (2017): 1–8.

第一章

1. Shane Rivers, "The Life of Lorenzo Fertitta," *Gaming the Odds*, February 15, 2015, http://www.gamingtheodds.com/biographies/lorenzo-fertitta.
2. Case Keefer, "Lorenzo Fertitta, Dana White Built UFC into Something Big," *Las Vegas Sun*, June 29, 2014.
3. Joel Stein, "The Ultimate Fighting Machines," *CNN Money*, November 8, 2006, http://money.cnn.com/2006/11/07/magazines/business2/stationcasinos.biz2/.
4. Matthew G. Miller, "Fertittas Made Billionaires by Head Blows with Chokeholds," *Bloomberg*, August 1, 2012, https://www.bloomberg.com/news/articles/2012-08-01/fertittas-made-billionaires-by-head-blows-with-chokeholds.
5. Stein, "The Ultimate Fighting Machines."
6. Ibid.
7. Rivers, "The Life of Lorenzo Fertitta."
8. Miller, "Fertittas Made Billionaires by Head Blows with Chokeholds."
9. Jeff Haden, "The UFC Sells for $4 Billion: Partners Were Legally Bound to Settle Disputes by Actually Fighting," *Inc.*, July 11, 2016, http://www.inc.com/jeff-haden/ufc-sells-for-4b-partners-were-legally-bound-to-settle-disputes-by-actually-figh.html.
10. Ibid.
11. Keefer, "Lorenzo Fertitta, Dana White Built UFC into Something Big."
12. Rivers, "The Life of Lorenzo Fertitta."
13. Ibid.
14. "Lorenzo Fertitta Touts UFC Sale as 'Largest Deal Ever in the History of Sports,'" *Fox Sports*, July 11, 2016, http://www.foxsports.com/ufc/story/ufc-lorenzo-fertitta-touts-ufc-sale-as-largest-deal-ever-in-the-history-of-sports-071116.
15. Nicole Laporte, "Why WME-IMG Paid $4 Billion for UFC, a Mixed Martial Arts League," *Fast Company*, July 11, 2016, https://www.fastcompany.com/3061739/why-wme-img-paid-4-billion-for-ufc-a-mixed-martial-arts-league.
16. Jason Gay, "Dana White Continues the Fight," *Wall Street Journal*, February 12, 2017.
17. Mark S. Granovetter, "The Strength of Weak Ties," *American Journal of Sociology* 78, no. 6 (1973): 1360–1380.
18. Ibid., 1371.

19. Martin Ruef, "Strong Ties, Weak Ties, and Islands: Structural and Cultural Predictors of Organizational Innovation," *Industrial and Corporate Change* 11, no. 3 (2002): 427–449.
20. Mary Petrusewicz, "Note to Entrepreneurs: Meet New People," *Stanford Report,* January 21, 2004, http://news.stanford.edu/news/2004/january21/innovate-121.html.
21. Ruef, "Strong Ties, Weak Ties, and Islands," 445.
22. Granovetter, "The Strength of Weak Ties," 1372.
23. Daniel Z. Levin, Jorge Walter, and J. Keith Murnighan, "Dormant Ties: The Value of Reconnecting," *Organization Science* 22, no. 4 (2011): 923–939.
24. Daniel Z. Levin, Jorge Walter, and J. Keith Murnighan, "The Power of *Reconnection:* How Dormant Ties Can Surprise You," *MIT Sloan Management Review* (Spring 2011), http://sloanreview.mit.edu/article/the-power-of-reconnection-how-dormant-ties-can-surprise-you/.
25. Ibid.
26. Jorge Walter, Daniel Z. Levin, and J. Keith Murnighan, "Reconnection Choices: Selecting the Most Valuable (vs. Most Preferred) Dormant Ties," *Organization Science* 26, no. 5 (2015): 1447–1465.
27. Jorge Walter, Daniel Z. Levin, and J. Keith Murnighan, "How to Reconnect for Maximum Impact," *MIT Sloan Management Review* (Spring 2016), http://sloanreview.mit.edu/article/how-to-reconnect-for-maximum-impact/.
28. Andrew Warner, "How charity: water Is Using Social Media to Save the World" (podcast), *Mixergy,* July 21, 2010, https://mixergy.com/interviews/charity-water-scott-harrison-interview/.
29. charity: water, "Scott's Story," http://www.charitywater.org/about/scotts_story.php.
30. Ibid.
31. Warner, "How charity: water Is Using Social Media to Save the World."
32. Ibid.
33. David Baker, "Charity Startup: Scott Harrison's Mission to Solve Africa's Water Problem," *Wired,* January 4, 2013, http://www.wired.co.uk/article/charity startup.
34. Scott Harrison, interview with the author, April 11, 2017.
35. Ibid.
36. Baker, "Charity Startup: Scott Harrison's Mission to Solve Africa's Water Problem."
37. Warner, "How charity: water Is Using Social Media to Save the World."
38. Ibid.

39. Ibid.
40. Scott Harrison, interview with the author, April 11, 2017.
41. Warner, "How charity: water Is Using Social Media to Save the World."

第二章

1. Steven H. Strogatz, *Sync: How Order Emerges from Chaos in the Universe, Nature, and Daily Life* (New York: Hachette, 2003).
2. For "the most comprehensive version of the Kevin Bacon game on the web," see the Oracle of Kevin Bacon website at: https://oracleofbacon.org.
3. Craig Fass, Brian Turtle, and Mike Ginelli, *Six Degrees of Kevin Bacon* (New York City: Plume, 1996), 15.
4. Strogatz, *Sync: How Order Emerges from Chaos in the Universe, Nature, and Daily Life*.
5. John Boitnott, "How Kevin Bacon Is Solving One of the Biggest Problems with Celebrities and Charities," *Inc.*, January 31, 2017, http://www.inc.com/john-boitnott/how-kevin-bacon-is-solving-one-of-the-biggest-problems-with-celebri ties-and-char.html.
6. David Burkus, *The Myths of Creativity: The Truth About How Innovative Companies and People Generate Great Ideas* (San Francisco: Jossey-Bass, 2013).
7. American Mathematical Society, "Collaboration Distance," http://www.ams.org/mathscinet/freeTools.html.
8. Stanley Milgram, "Behavioral Study of Obedience," *Journal of Abnormal and Social Psychology* 67, no. 4 (1963): 371–378.
9. Brian Uzzi, "Keys to Understanding Your Social Capital," *Journal of Microfinance/ESR Review* 10 (2008): 7.
10. Jeffrey Travers and Stanley Milgram, "An Experimental Study of the Small World Problem," *Sociometry* 32, no. 4 (1969): 425–443.
11. Milgram also ran a similar experiment with participants in Wichita, Kansas. However, the results of that study were not included in his peer-reviewed article and so have been left out here.
12. Stanley Milgram, "The Small-World Problem," *Psychology Today* 2 (1969): 60–67.
13. Mark E. J. Newman, *Networks: An Introduction* (Oxford: Oxford University Press, 2010).
14. Albert-László Barabási, *Linked: How Everything Is Connected to Everything Else and What It Means for Business, Science, and Everyday Life* (New York: Basic Books, 2014).

15. Travers and Milgram, "An Experimental Study of the Small World Problem."
16. Milgram, "The Small-World Problem."
17. Mark Buchanan, *Nexus: Small Worlds and the Groundbreaking Science of Networks* (New York: W. W. Norton and Co., 2002).
18. Duncan J. Watts and Steven H. Strogatz, "Collective Dynamics of 'Small-World' Networks," *Nature* 393 (1993): 440–442.
19. "Rod Steiger," *Internet Movie Database,* http://www.imdb.com/name/nm0001768/.
20. Strogatz, *Sync: How Order Emerges from Chaos in the Universe, Nature, and Daily Life*.
21. Peter Sheridan Dodds, Roby Muhamad, and Duncan J. Watts, "An Experimental Study of Search in Global Search Networks," *Science* 301, no. 5634 (2003): 827–829.
22. Duncan J. Watts, *Everything Is Obvious*: *Once You Know the Answer* (New York: Crown Business, 2011), 89.
23. Smriti Bhagat, Moira Burke, Carlos Diuk, Ismail Onur Filiz, and Sergey Edunov, "Three and a Half Degrees of Separation," *Facebook Research,* February 4, 2016, https://research.fb.com/three-and-a-half-degrees-of-separation/.
24. Barabási, *Linked: How Everything Is Connected to Everything Else and What It Means for Business, Science, and Everyday Life,* 29.
25. John Guare, *Six Degrees of Separation: A Play* (New York: Dramatists Play Service, 1992), 79.
26. Whitney Johnson, "Episode 01: Michelle McKenna-Doyle" (audio podcast), *Disrupt Yourself Podcast,* September 21, 2016, https://itunes.apple.com/us/podcast/disrupt-yourself-podcast-whitney/id1156483471.
27. Ibid.
28. Ibid.
29. Auburn University, "Take 5: Michelle McKenna-Doyle," November 17, 2014, http://www.auburn.edu/main/take5/mckenna-doyle.html#.WMmaQRiVS9Y.
30. Johnson, "Episode 01: Michelle McKenna-Doyle."

第三章

1. Bruce Feiler, "She's Playing Games with Your Lives," *New York Times,* April 27, 2012.
2. Jane McGonigal, *SuperBetter: The Power of Living Gamefully* (New York: Penguin, 2016), 3.

3. Ibid.
4. Scott Barry Kaufman, "Jane McGonigal on How Video Games Can Make Us SuperBetter" (audio podcast), *Psychology Podcast,* October 11, 2015, http://scottbarrykaufman.com/podcast/jane-mcgonigal-on-how-video-games-can-make-us-superbetter/.
5. Feiler, "She's Playing Games with Your Lives."
6. Jane McGonigal, email message to the author, April 17, 2017.
7. McGonigal, *SuperBetter,* 4.
8. Kaufman, "Jane McGonigal on How Video Games Can Make Us SuperBetter."
9. Ibid.
10. Ibid.
11. Jane McGonigal, email message to the author, April 17, 2017.
12. Ronald S. Burt, *Structural Holes: The Social Structure of Competition* (Cambridge, MA: Harvard University Press, 1995), 19.
13. Ibid., 18.
14. Ronald S. Burt, "Structural Holes and Good Ideas," *American Journal of Sociology* 110 (2004): 356.
15. Frans Johansson, *The Medici Effect: What Elephants and Epidemics Can Teach Us About Innovation* (Boston: Harvard Business School Publishing, 2017).
16. Cherokee Nation, "History of Sequoyah, and the Sequoyan Syllabary for the Cherokee Language," http://www.cherokee.org/About-The-Nation/History/Biographies/Sequoyah.
17. Burt, "Structural Holes and Good Ideas," 376.
18. Ibid., 349.
19. Adam M. Kleinbaum, "Organizational Misfits and the Origins of Brokerage in Intrafirm Networks," *Administrative Science Quarterly* 57 (2012): 407–452.
20. Ibid., 429.
21. Stanley A. McChrystal, David Silverman, Chris Fussell, and Tantum Collins, *Team of Teams: New Rules of Engagement for a Complex World* (New York: Portfolio, 2015), 118. General McChrystal cowrote *Team of Teams* with multiple authors, who chose to write the book in his voice. As such, I attribute quotes from this book to him.
22. Ibid., 118.
23. Ibid., 121.
24. Ibid., 122.
25. Ibid., 123.
26. Ibid., 128, 129.
27. Ibid., 128.

28. Ibid., 180.
29. Ibid., 251.
30. This activity was adapted from an exercise commonly described by the sociologist Brian Uzzi.

第四章

1. Steven Johnson, *How We Got to Now: Six Innovations That Made the Modern World* (New York: Riverhead, 2014).
2. McChrystal et al., *Team of Teams: New Rules of Engagement for a Complex World,* 189–193.
3. Clifford Atiyeh, "GM Ignition-Switch Review Complete: 124 Fatalities, 274 Injuries," *Car and Driver,* August 3, 2015, http://blog.caranddriver.com/gm-ignition-switch-review-complete-124-fatalities-274-injuries/.
4. Eun Kyung Kim, "GM Chief Mary Barra on Car Recalls: 'I Don't Really Think There Was a Cover-up,'" *Today,* June 26, 2014, http://www.today.com/news/gm-chief-mary-barra-car-recalls-i-dont-really-think-1D79852194.
5. David Johnston, "9/11 Congressional Report Faults FBI-CIA Lapses," *New York Times,* July 24, 2003.
6. Michael Reynolds, *Hemingway: The Paris Years* (New York: W. W. Norton & Co., 1989).
7. David Burkus, "How Your Friends Affect Your Creative Work," *99U,* http://99u.com/articles/21521/in-praise-of-the-creative-support-group.
8. Charles Kadushin, *Understanding Social Networks: Theories, Concepts, and Findings* (Oxford: Oxford University Press, 2012), 122.
9. Mark E. J. Newman and Juyong Park, "Why Social Networks Are Different from Other Types of Networks," *Physical Review E: Statistical, Linear, and Soft Matter Physics* 68, no. 3 (2003): 036122.
10. Damon Centola, "The Social Origin of Networks and Diffusion," *American Journal of Sociology* 120, no. 5 (2015): 1295–1338.
11. University of Pennsylvania, "In Social Networks, Group Boundaries Promote the Spread of Ideas, Study Finds," *ScienceDaily,* June 22, 2015, https://www.sciencedaily.com/releases/2015/06/150622182032.htm.
12. Ronald Burt and Jennifer Merluzzi, "Network Oscillation," *Academy of Management Discoveries* 2, no. 4 (2016): 368–391.
13. David Jon Phillips, "Networking Differently Could Increase Your Salary," *Chicago Booth Review,* September 1, 2016, http://review.chicagobooth.edu/strategy/2016/article/networking-differently-could-increase-your-salary.

14. Brian Uzzi, "Social Structure and Competition in Interfirm Networks: The Paradox of Embeddedness," *Administrative Science Quarterly* 42 (1997): 35–67.
15. Jeff Rosenthal, "How and Why to Curate Community," in Jared Kleinert, ed., *3 Billion Under 30: How Millennials Keep Redefining Success, Breaking Barriers, and Changing the World* (New York: 3 Billion Under 30 LLC, 2017).
16. Cathy Leff, "At Their Peak," *Cultured,* November 30, 2016, http://www.culturedmag.com/summit-series-jeff-rosenthal/.
17. Steven Bertoni, "Club TED: Inside Summit's Power Mountain Entrepreneur Camp," *Forbes,* January 21, 2013.
18. Andy Isaacson, "Summit Series: TED Meets Burning Man," *Wired,* February 27, 2012, https://www.wired.com/2012/02/summit-series-ted-burning-man/.
19. Andy Isaacson, "The Ski Resort That Crowdsourcing Built," *New York Times,* April 10, 2015.
20. J. Kelly Hoey, *Build Your Dream Network: Forging Powerful Relationships in a Hyper-Connected World* (New York: Tarcher/Perigee, 2017).
21. Alissa Walker, "TED for Design Wonks: CreativeMornings Offers Coffee and a Shot of Inspiration," *Wired,* June 11, 2012, https://www.wired.com/2012/06/creativemornings-conferences/.
22. Shutterstock, "Introducing Creative Mornings: An Interview with Tina Roth Eisenberg," December 4, 2013, https://vimeo.com/81051786.
23. Walker, "TED for Design Wonks: CreativeMornings Offers Coffee and a Shot of Inspiration."

第五章

1. Miguel Helft, "It Pays to Have Pals in Silicon Valley," *New York Times,* October 17, 2006.
2. "YouTube: A History," *The Telegraph,* April 17, 2010, http://www.telegraph.co.uk/finance/newsbysector/mediatechnologyandtelecoms/digital-media/7596636/YouTube-a-history.html.
3. Ibid.
4. "Youtube.com Traffic Statistics," *Alexa,* http://www.alexa.com/siteinfo/youtube.com (accessed March 16, 2017).
5. Conner Forrest, "How the 'PayPal Mafia' Redefined Success in Silicon Valley," *TechRepublic,* http://www.techrepublic.com/article/how-the-paypal-mafia-redefined-success-in-silicon-valley/.
6. Jeffrey M. O'Brien, "The PayPal Mafia," *Fortune,* November 13, 2007.
7. Forrest, "How the 'PayPal Mafia' Redefined Success in Silicon Valley."
8. O'Brien, "The PayPal Mafia."
9. Forrest, "How the 'PayPal Mafia' Redefined Success in Silicon Valley."

10. Rachel Rosmarin, "The PayPal Exodus," *Forbes,* July 12, 2006.
11. Forrest, "How the 'PayPal Mafia' Redefined Success in Silicon Valley."
12. Reid Hoffman and Ben Casnocha, *The Start-up of You: Adapt to the Future, Invest in Yourself, and Transform Your Career* (New York: Crown Business, 2012).
13. Shane Snow, *Smartcuts: How Hackers, Innovators, and Icons Accelerate Success* (New York: HarperCollins, 2014), 183.
14. Forrest, "How the 'PayPal Mafia' Redefined Success in Silicon Valley."
15. Stefan Wuchty, Benjamin F. Jones, and Brian Uzzi, "The Increasing Dominance of Teams in Production of Knowledge," *Science* 316, no. 5827 (2007): 1036–1039.
16. Roger Guimerà, Brian Uzzi, Jarrett Spiro, and Luís A. Nunes Amaral, "Team Assembly Mechanisms Determine Collaboration Network Structure and Team Performance," *Science* 308, no. 5722 (2005): 697–702.
17. Burkus, *The Myths of Creativity: The Truth About How Innovative Companies and People Generate Great Ideas,* 116.
18. Stefan H. Thomke and Ashok Nimgade, "IDEO Product Development," Case 600-143 (Boston: Harvard Business School, June 2000, revised April 2007).
19. Duane Bray, "IDEO's Employee Engagement Formula," *Harvard Business Review,* December 18, 2015, https://hbr.org/2015/12/ideos-employee-engagement-formula.
20. Ibid.
21. Jimmy Chion, "What It's Like to Work at IDEO," *Medium,* October 21, 2013, https://medium.com/@jimmmy/what-its-like-to-work-at-ideo-6ca2c961aae4#.89mbot8fh.
22. Teresa M. Amabile and Katrina Flanagan, "Making Progress at IDEO," Case 814-123 (Boston: Harvard Business School, June 2014), 5.
23. Margaret Schweer, Dimitris Assimakopoulos, Rob Cross, and Robert J. Thomas, "Building a Well-Networked Organization," *MIT Sloan Management Review* 53, no. 2 (2012): 35.

第六章

1. Brian Grazer and Charles Fishman, *A Curious Mind: The Secret to a Bigger Life* (New York: Simon & Schuster, 2016), 1–2.
2. Ibid., 2.
3. Ibid.
4. "Malcolm Gladwell with Brian Grazer: 92Y Talks: Episode 45" (audio podcast), *92Y on Demand,* June 18, 2015, http://92yondemand.org/malcolm-gladwell-with-brian-grazer-92y-talks-episode-45.
5. Grazer and Fishman, *A Curious Mind: The Secret to a Bigger Life,* 4.

6. Ibid., 21.
7. Ibid.
8. Ibid., 51.
9. Ibid., 30.
10. Ibid.
11. Ibid., 231–258.
12. "Malcolm Gladwell with Brian Grazer: 92Y Talks Episode 45."
13. Robin I. M. Dunbar, "Coevolution of Neocortical Size, Group Size, and Language in Humans," *Behavioral and Brain Sciences* 16, no. 4 (1993): 681–694.
14. Russell Hill and Robin I. M. Dunbar, "Social Network Size in Humans," *Human Nature* 14, no. 1 (2003): 54.
15. Hans L. Zetterberg, *The Many-Splendored Society,* vol. 2, *A Lan-guage-Based Edifice of Social Structures* (zetterberg.org, 2011), http://zetterberg.org/InProgrs/The_Many-Splendored_Society/PDF_filer/VolumeTwoRefile2_20110516_2ndEd.pdf.
16. Tyler H. McCormick, Matthew J. Salganik, and Tian Zheng, "How Many People Do You Know? Efficiently Estimating Personal Network Size," *Journal of the American Statistical Association* 105, no. 489 (2010): 59–70.
17. Albert-László Barabási and Réka Albert, "Emergence of Scaling in Random Networks," *Science* 286, no. 5439 (1999): 509–512.
18. Jordan Harbinger, interview with the author, January 25, 2017.
19. Ibid.
20. Ibid.
21. Ibid.
22. Ibid.
23. Ibid.
24. Ibid.
25. Ibid.

第七章

1. Jayson Gaignard, interview with the author, January 24, 2017.
2. Ibid.
3. Ibid.
4. Ibid.
5. Ibid.
6. Ibid.
7. Ibid.

8. Ibid.
9. Matthew 25:29 (NRSV).
10. Robert K. Merton, "The Matthew Effect in Science," *Science* 159, no. 3810 (1968): 56–63.
11. Barabási, *Linked: How Everything Is Connected to Everything Else and What It Means for Business, Science, and Everyday Life*, 87.
12. Barabási and Albert, "Emergence of Scaling in Random Networks."
13. Barabási, *Linked: How Everything Is Connected to Everything Else and What It Means for Business, Science, and Everyday Life*, 87.
14. Mark E. J. Newman, "Clustering and Preferential Attachment in Growing Networks," *Physical Review E: Statistical, Nonlinear, and Soft Matter Physics* 64, no. 211 (2001): 251021–251024.
15. Matthew J. Salganik, Peter Sheridan Dodds, and Duncan J. Watts, "Experimental Study of Inequality and Unpredictability in an Artificial Cultural Market," *Science* 311, no. 5762 (2006): 854–856.
16. Watts, *Everything Is Obvious*: *Once You Know the Answer.*
17. James Zug, "Stolen: How the Mona Lisa Became the World's Most Famous Painting," *Smithsonian.com,* June 15, 2011, http://www.smithsonianmag.com/arts-culture/stolen-how-the-mona-lisa-became-the-worlds-most-famous-painting-16406234/.
18. Watts, *Everything Is Obvious*: *Once You Know the Answer.*
19. Zug, "Stolen: How the Mona Lisa Became the World's Most Famous Painting."
20. Watts, *Everything Is Obvious*: *Once You Know the Answer.*
21. Zug, "Stolen: How the Mona Lisa Became the World's Most Famous Painting."
22. Watts, *Everything Is Obvious*: *Once You Know the Answer.* Duchamp was also an American citizen.

第八章

1. Tim Ferriss, "Introduction — My Story," http://tim.blog/introduction/.
2. Tim Ferriss, "A Lesson in Self Promotion with Tim Ferriss," *ZURB Soapbox*, http://zurb.com/soapbox/events/3/Tim-Ferriss-ZURBsoapbox.
3. Ibid.
4. Ibid.
5. Andrew Davis, interview with the author, January 9, 2017.
6. Ibid.
7. Ibid.
8. Ibid.

9. Ibid.
10. Ibid.
11. Ibid.
12. Ibid.
13. Scott L. Feld, "Why Your Friends Have More Friends Than You Do," *American Journal of Sociology* 96, no. 6 (1991): 1464–1477.
14. Naghmeh Momeni and Michael Rabbat, "Qualities and Inequalities in Online Social Networks Through the Lens of the Generalized Friendship Paradox," *PLoS ONE* 11, no. 2 (2016): e0143633.
15. Kristina Lerman, Xiaoran Yan, and Xin-Zeng Wu, "The 'Majority Illusion' in Social Networks," *PloS ONE* 11, no. 2 (2016): e0147617.
16. Ibid.
17. David Kirkpatrick, *The Facebook Effect: The Inside Story of the Company That Is Connecting the World* (New York: Simon & Schuster, 2001).
18. William Barnett and Arar Han, "Facebook 2012," Case E468 (Palo Alto, CA: Stanford Graduate School of Business Publishing, 2012).
19. William Barnett, Ziad Mokhtar, and Gabriel Tavridis, "Facebook," Case E220 (Palo Alto, CA: Stanford Graduate School of Business Publishing, 2006).
20. Kirkpatrick, *The Facebook Effect: The Inside Story of the Company That Is Connecting the World.*

第九章

1. Ryan W. Miller, "'The New York Times' Data Blog Flips Prediction in Two Hours," *USA Today,* November 8, 2016.
2. Nate Silver, "2016 Election Results: Live Coverage and Results," *FiveThirtyEight,* November 8, 2016, http://fivethirtyeight.com/live-blog/2016-election-results-coverage/.
3. Ibid.
4. "Who Will Win the Presidency?" *FiveThirtyEight,* November 8, 2016, https://projects.fivethirtyeight.com/2016-election-forecast/.
5. Silver, "2016 Election Results: Live Coverage and Results."
6. Ibid.
7. Andreas Graefe, "A Terrible Day for Election Forecasters. Where Are the Winners?" *PollyVote,* November 9, 2016, http://pollyvote.com/en/2016/11/09/a-terrible-day-for-election-forecasters-where-are-the-winners/.
8. "They're with Her: PR Execs Predict a Resounding Clinton Victory," *PRWeek,* November 8, 2016, http://www.prweek.com/article/1414851/theyre-her-pr-ex

ecs-predict-resounding-clinton-victory.
9. Alec MacGillis, "Go Midwest, Young Hipster," *New York Times,* October 22, 2016.
10. Deepak Malhotra, "How to Build an Exit Ramp for Trump Supporters," *Harvard Business Review,* October 14, 2016, https://hbr.org/2016/10/how-to-build-an-exit-ramp-for-trump-supporters.
11. Jessie Hellmann, "Pelosi: Trump Will Help Democrats Win Congress," *The Hill,* June 19, 2016, http://thehill.com/blogs/ballot-box/presidential-races/284013-pelosi-trump-will-help-democrats-win-congress.
12. Amy Chozick, "Hillary Clinton Blames FBI Director for Election Loss," *New York Times,* November 12, 2016.
13. Joshua Spodek, "If You Voted for Trump, Let's Meet," *Inc.*, November 30, 2016, http://www.inc.com/joshua-spodek/if-you-voted-for-trump-lets-meet.html.
14. Edward-Isaac Dovere, "How Clinton Lost Michigan—and Blew the Election," *Politico,* December 14, 2016, http://www.politico.com/story/2016/12/michigan-hillary-clinton-trump-232547.
15. Glenn Thrush, "10 Crucial Decisions That Reshaped America," *Politico,* December 9, 2016, http://www.politico.com/magazine/story/2016/12/2016-presidential-election-10-moments-trump-clinton-214508.
16. James Hohmann, "The Daily 202: Why Trump Won—and Why the Media Missed It," *Washington Post,* November 9, 2016.
17. Sean Trende, "It Wasn't the Poll That Missed, It Was the Pundits," *RealClearPolitics,* November 12, 2016, http://www.realclearpolitics.com/articles/2016/11/12/it_wasnt_the_polls_that_missed_it_was_the_pundits_132333.html.
18. David Brooks, "No, Not Trump, Not Ever," *New York Times,* March 18, 2016.
19. Margaret Sullivan, "The Media Didn't Want to Believe Trump Could Win. So They Looked the Other Way," *Washington Post,* November 9, 2016.
20. Will Rahn, "Commentary: The Unbearable Smugness of the Press," *CBSNews,* November 10, 2016, http://www.cbsnews.com/news/commentary-the-unbearable-smugness-of-the-press-presidential-election-2016/.
21. Bill Bishop, *The Big Sort: Why the Clustering of Like-Minded America Is Tearing Us Apart* (Boston: Houghton Mifflin Harcourt, 2008).
22. Ibid., 9–10.
23. Ibid., 44.
24. Ibid., 30.
25. Ibid., 11.
26. Paul F. Lazarsfeld and Robert K. Merton, "Friendship as a Social Process: A Substantive and Methodological Analysis," *Freedom and Control in Modern So-*

ciety 18, no. 1 (1954): 18–66.
27. Valdis Krebs, "New Political Patterns," *Orgnet,* October 2008, http://www.orgnet.com/divided.html.
28. Watts, *Everything Is Obvious*: *Once You Know the Answer,* 257.
29. Gueorgi Kossinets and Duncan J. Watts, "Origins of Homophily in an Evolving Social Network," *American Journal of Sociology* 115, no. 2 (2009): 405–450.
30. "Planet Money T-shirt," *Kickstarter,* April 30, 2013, https://www.kickstarter.com/projects/planetmoney/planet-money-t-shirt.
31. Farhad Manjoo, "Podcasting Blossoms, but in Slow Motion," *New York Times,* June 17, 2015.
32. Christopher Zinsli, "'This American Life' Producer Raises $1.5 Million for Podcast Startup Gimlet," *Wall Street Journal,* November 11, 2014.
33. Nicholas Quah, "Hot Pod: Panoply's Parent Company Takes a Stake in Gimlet Media," *Nieman Lab,* December 8, 2015, http://www.niemanlab.org/2015/12/hot-pod-panoplys-parent-company-takes-a-stake-in-gimlet-media/.
34. Gimlet, "#19 Diversity Report" (audio podcast), *Startup,* December 17, 2015, https://gimletmedia.com/episode/19-diversity-report/.
35. Ibid.
36. Ibid.
37. Ibid.
38. Ibid.
39. Ibid.

第十章

1. Jon Levy, interview with the author, December 13, 2016.
2. Ibid.
3. Ibid.
4. Ibid.
5. Ibid.
6. Ibid.
7. Chris Schembra, interview with the author, December 15, 2016.
8. Ibid.
9. Ibid.
10. Ibid.
11. Paul Ingram and Michael W. Morris, "Do People Mix at Mixers? Structure, Homophily, and the 'Life of the Party,'" *Administrative Science Quarterly* 52, no. 4 (2007): 566.

12. Brian Uzzi, interview with the author, May 26, 2017.
13. Ibid.
14. Brian Uzzi, "Keys to Understanding Your Social Capital," *Journal of Microfinance/ESR Review* 10, no. 2 (2008): 11.
15. Ed Catmull, "How Pixar Fosters Collective Creativity," *Harvard Business Review* 86, no. 9 (2008): 64.
16. Oliver Franklin-Wallis, "How Pixar Embraces a Crisis," *Wired,* November 17, 2015, http://www.wired.co.uk/article/pixar-embraces-crisis-the-good-dinosaur.
17. Debapratim Purkayastha, "Pixar University: A Distinctive Aspect of Pixar's Organizational Culture and Innovation," Case CLHR017 (Hyperabad, India: ICMR Center for Management Research, 2009).
18. Ed Catmull, with Amy Wallace, *Creativity, Inc.: Overcoming the Unseen Forces That Stand in the Way of True Inspiration* (New York: Random House, 2014), 220.
19. Ibid.
20. Ibid.
21. Jessi Hempel, "Pixar University: Thinking Outside the Mouse," *SFGate,* June 4, 2003, http://www.sfgate.com/news/article/Pixar-University-Thinking-Outside-The-Mouse-2611923.php.
22. Catmull, "How Pixar Fosters Collective Creativity," 64.

第十一章

1. Timothy L. O'Brien and Stephanie Saul, "Buffett to Give Bulk of His Fortune to Gates Charity," *New York Times,* June 26, 2006.
2. "Mary Gates, 64; Helped Her Son Start Microsoft," *New York Times,* June 11, 1994.
3. Bill Gates, "25 Years of Learning and Laughing with Warren Buffett," *LinkedIn Pulse,* July 5, 2016, https://www.linkedin.com/pulse/25-years-learning-laughing-warren-buffett-bill-gates.
4. Martha T. Moore, "Billionaires Bank on Bridge to Trump Poker," *USA Today,* December 19, 2005.
5. Susanna Kim, "Berkshire Directors Lowest-Paid of S&P Firms," *ABCNews,* May 31, 2013, http://abcnews.go.com/blogs/business/2013/05/berkshire-directors-lowest-paid-of-sp-firms/.
6. Procter & Gamble, "Our History—How It Began," https://www.pg.com/en_US/downloads/media/Fact_Sheets_CompanyHistory.pdf.
7. J. D. Harrison, "When We Were Small: Ben & Jerry's," *Washington Post,* May

14, 2014.
8. Ibid.
9. Rosanna Greenstreet, "How We Met: Ben Cohen and Jerry Greenfield," *Independent,* May 27, 1995, http://www.independent.co.uk/arts-entertainment/how-we-met-ben-cohen-and-jerry-greenfield-1621559.html.
10. Constance L. Hays, "Ben & Jerry's to Unilever, with Attitude," *New York Times,* April 3, 2000.
11. Kadushin, *Understanding Social Networks: Theories, Concepts, and Findings*.
12. Simone Ferriani, Fabio Fonti, and Raffaele Corrado, "The Social and Economic Bases of Network Multiplexity: Exploring the Emergence of Multiplex Ties," *Strategic Organization* 11, no. 1 (2013): 7–34.
13. Jessica R. Methot, Jeffery A. LePine, Nathan P. Podsakoff, and Jessica Siegel Christian, "Are Workplace Friendships a Mixed Blessing? Exploring Tradeoffs of Multiplex Relationships and Their Associations with Job Performance," *Personnel Psychology* 69, no. 2 (2015): 311–355.
14. Ibid., 339.
15. Rick Aalbers, Wilfred Dolfsma, and Otto Koppius, "Rich Ties and Innovative Knowledge Transfer Within a Firm," *British Journal of Management* 25, no. 4 (2014): 833–848.
16. Ibid., 844.
17. Whitney Johnson, interview with the author, March 29, 2017.
18. Ibid.
19. Clayton M. Christensen, *The Innovator's Dilemma: When New Technologies Cause Great Firms to Fail* (Boston: Harvard Business School Publishing, 1997).
20. Whitney Johnson, interview with the author, March 29, 2017.

结 语

1. Nicholas A. Christakis and James H. Fowler, *Connected: The Surprising Power of Our Social Networks and How They Shape Our Lives* (New York: Little, Brown & Co., 2009).
2. Albert-László Barabási, *Bursts: The Hidden Pattern Behind Everything We Do, from Your Email to Bloody Crusades* (New York: Dutton, 2010).
3. Nicholas A. Christakis and James H. Fowler, "The Spread of Obesity in a Large Social Network over 32 Years," *New England Journal of Medicine* 357, no. 4 (2007): 370–379.
4. Nicholas A. Christakis and James H. Fowler, "The Collective Dynamics of Smoking in a Large Social Network," *New England Journal of Medicine* 358, no.

21 (2008): 2249–2258.

5. Christakis and Fowler, *Connected: The Surprising Power of Our Social Networks and How They Shape Our Lives,* 116.
6. James H. Fowler and Nicholas A. Christakis, "Dynamic Spread of Happiness in a Large Social Network: Longitudinal Analysis over 20 Years in the Framingham Heart Study," *BMJ* 337 (2008): a2338.
7. Christakis and Fowler, *Connected: The Surprising Power of Our Social Networks and How They Shape Our Lives,* 51.